W9-AHF-690

LOFTS & APARTMENTS
LOFTS ET APPARTEMENTS
LOFTS & APARTMENTS

Coordination and text · *Coordination et rédaction* · Koordination und Redaktion
Marta Eiriz Zamora

Editorial Director · *Directeur éditorial* · Verlagsdirektor
Nacho Asensio

Design and layout · *Conception et maquette* · Design und Layout
Toni Gispert

Cover design · *Création de page de garde* · Außengestaltung
Núria Sordé Orpinell

Translation · *Traduction* · Übersetzung
Kevin Krell (English)
Elisabeth Bonjour (Français)
Sabine Schaub (Deutsch)

Production · *Production* · Produktion
Juanjo Rodríguez Novel

CONTENTS / SOMMAIRE / INHALT

Introduction

The majority of the world's population, above all the part concentrated in cities, lives in apartment blocks where space is increasingly valuable due to the ever-growing scarcity of undeveloped areas. In response to this reality, new spaces in urban settings have been sought out to satisfy the needs of individuals who desire a home designed to meet their personal, specific tastes. It is therefore increasingly customary to see abandoned factories and old shops converted into residential lofts. This transformation in the concept of the home has provided architects and interior designers across the globe with new sources of inspiration, as much in regard to the metamorphosis of unconventional spaces as the remodeling of more traditional apartments.

The selection of apartments and lofts found in this book offers a wide range of possibilities for remodeling and decorating homes ranging from one located in an old, converted warehouse with wide-open spaces, high ceilings and large windows to one with limited square feet and arrangement alternatives.

The seventy designs collected in this book are the works of renowned architectural and interior design studios in countries such as the United States, United Kingdom, France, Sweden, Belgium, Canada or Spain. Collectively, their work represents a global vision of the most cutting edge contemporary building and design styles.

This guide introduces the reader to original and practical solutions to optimize the space of an apartment or loft and adapt it to one's personal needs. Single-dweller apartments or ones destined for more than one family unit; penthouses or cellars with scarce illumination; workshops converted into homes or beach apartments are examples of some of the designs presented in these pages.

Introduction

La plus grande partie de la population mondiale, surtout celle qui est concentrée dans les villes, vit dans des immeubles d'appartements où l'espace est un bien de plus en plus précieux à cause du manque de superficie pour construire. En réponse à cette réalité, de nouveaux espaces ont été créés dans l'environnement urbain afin de satisfaire les besoins de ceux qui désirent un foyer sur mesure. C'est ainsi qu'il est de plus en plus possible de voir des usines abandonnées et d'anciennes boutiques reconverties en résidences sous forme de loft. C'est une transformation du concept de logement et une nouvelle source d'inspiration pour les architectes et les décorateurs du monde entier, autant au moment de travailler sur ces nouveaux espaces comme en réformant des appartements plus traditionnels.

La sélection d'appartements et de loft qui apparaissent dans cet ouvrage répond à la volonté de montrer le gran nombre de possibilités existant au moment de renouveler et de décorer n'importe quelle résidence, comme le vieil entrepôt reconverti avec ses pièces diaphanes, hauts plafonds et amples baies vitrées ou celle qui ne dispose que de quelques mètres carrés et des possibilités limitées de distribution.

Les soixante dix projets recueillis dans cet ouvrage sont le fruit de studios d'architecture et de décoration très connus, des États-Unis, du Royaume Unis, de France, d'Italie, de Suède, du Canada ou d'Espagne, qui permettent une vision globale des différents styles de constructions et de décorations les plus en vogue actuellement.

Consulter ce guide permet de connaître des solutions originales et pratiques qui profitent au maximum de l'espace d'un appartement ou d'un loft et de l'adapter à nos besoins. Des appartements pour célibataires ou destinés à toute une famille, au dernier étage d'un immeuble ou dans un sous-sol sans éclairage, des ateliers transformés en résidences ou des appartements au bord de la mer, sont quelques un des exemples qu'il est possible de trouver dans cet ouvrage.

Einführung

Der größte Teil der Weltbevölkerung, besonders der in Städten in Häuserblocks lebt, hat immer weniger Wohnraum zur Verfügung, da die bebaubaren Flächen immer weniger werden. Um auf diese Realität eine Antwort zu finden, haben wir neue Wohnmöglichkeiten innerhalb urbaner Zentren gesucht, die den Wünschen der Personen entsprechen, die ein auf ihr Maß geschneidertes Heim möchten. So ist es nun an der Tagesordnung, alte verlassene Fabrikhallen und ehemalige Ladenlokale in bewohnbare Lofts umzuwandeln. Diese Wandlung des Wohnkonzepts bedeutet eine Inspiration für Architekten und Dekorateure in aller Welt, sei es bei der Neugestaltung dieser Art von Flächen wie auch bei der Umgestaltung von traditionellen Wohnungen.

Die Auswahl von Apartments und Lofts, die in dieser Ausgabe erscheinen, entstand unter der Prämisse, so umfangreich wie möglich bestehende Möglichkeiten bei der Renovierung und Dekoration von Wohnungen zu aufzuzeigen, egal ob es sich um eine alte Lagerhalle handelt, die sich in einen weitläufigen offenen Wohnbereich mit hohen Decken und großen Fenstern verwandelt oder diejenige Wohnung, die nur wenige Quadratmeter hat und bei der die Alternativen der Raumaufteilung recht reduziert sind.

Die in diesem Buch dargestellten siebzig Projekte sind Arbeiten von anerkannten Architektur- und Innenausstattungsstudios in Ländern wie USA, Großbritannien, Frankreich, Italien, Schweden, Belgien, Kanada oder Spanien und vermitteln eine globale Vision über die aktuellsten Bau- und Dekorationsstile.

Diese Ausgabe kann Ihnen helfen, die originellsten und praktischsten Lösungen zur maximalen Raumnutzung in einem Apartment oder Loft zu finden und diese Ihren Wünschen anzupassen. Wohnungen für Singles oder Familien, Dachgeschosswohnungen oder Kellerräume mit wenig Licht, umgebaute Werkstätten oder in Wohnung umgebaute Strandapartments in Wohnungen sind einige Beispiele, die Sie auf den nachfolgenden Seiten finden können.

Soho Loft | ARO (ARCHITECTURE RESEARCH OFFICE)

LOCATION / LOCALISATION / LAGE

New York, United States

PHOTOGRAPHY / PHOTOGRAPHIE / FOTOGRAFIE

Paul Warchol

www.aro.net

This loft, which occupies the upper three floors of an old Soho warehouse, has been designed to take maximum advantage of natural light. The architects studied the position of the sun at different hours of the day to determine the layout of each room on the penultimate floor. They also created openings in existing walls and in the floor in order to connect the three levels, intensify the entrance of light, and award more prominence to the views.

The new walls, including one made of blue granite, create more intimate spaces without losing the sense of openness of the original plan.

Ce loft, qui occupe les trois derniers étages d'un ancien entrepôt du Soho, a été créé de façon à profiter au maximum de la lumière naturelle. Les architectes ont travaillé sur la position du soleil durant les différentes heures du jour afin de décider quel serait l'emplacement de chacune des pièces de l'avant-derrier étage. De nouvelles ouvertures ont aussi été créées dans les murs existants et dans le sol afin de connecter les trois niveaux, intensifier l'entrée de lumière et l'importance de la vue.

Les nouveaux murs, dont l'un d'entre eux a été réalisé en granite bleu, créent une ambiance plus intime sans pour cela perdre le plan ouvert à l'origine.

Dieser Loft belegt die drei letzten Etagen eines alten Lagerhauses in Soho und wurde mit der Absicht konzepiert, das natürliche Tageslicht maximal zu nutzen. Die Architekten studierten den Stand der Sonne zu unterschiedlichen Tageszeiten, um die Verteilung der einzelnen Wohneinheiten im vorletzten. Stockwerk festlegen zu können. Ebenso wurden in bestehende Wände wie auch im Fußboden zur Verbindung der drei Etagen Öffnungen eingebracht. Auf diese Weise intensiviert sich der Lichteinfall und die Aussichten gewinnen an Bedeutung.

Die neu errichteten Wände – unter denen sich eine aus blauem Granit befindet – schaffen ein intimeres Ambiente, ohne dabei den Originalgrundriß zu beeinträchtigen.

The master bedroom receives morning light. Both the kitchen and dining room face southwards. Light from the west reaches mainly the living room, while indirect illumination from the north falls into the library.

La chambre à coucher principale reçoit la lumière du matin, la cuisine et la salle à manger ont en commun l'orientation vers le sud, la lumière de l'ouest atteint principalement le salon et l'illumination indirecte du nord envahit la zone de la bibliothèque.

Das Hauptschlafzimmer liegt im Morgenlicht, die Küche und der Eßraum teilen sich die Orientierung zum Süden, das Wohnzimmer erhält sein Licht hauptsächlich aus dem Westen und der Bibliotheksbereich empfängt das indirekte Licht aus dem Norden.

The most outstanding sculptural-like element of the main floor is a glass stairway, designed in collaboration with Guy Nerdenson, which provides access to a garden and separates the dining room from the kitchen in a discreet fashion.

L'élément architecturale a remarquer au premier étage est l'escalier en verre créé en collaboration avec Guy Nerdenson, et qui permet l'accès au jardin tout en séparant discrètement le salon de la salle à manger et de la cuisine.

Als hervorstechendes skulpturhaftes Element im Hauptwohnteil dieses Lofts ist die Glastreppe zu erwähnen, die gemeinsam mit Guy Nerdenson entworfen wurde. Über sie ist der Garten zu erreichen und trennt auf diskrete Weise das Wohnzimmer vom Eßzimmer und der Küche.

Loft Crepain | JO CREPAIN

Architect Jo Crepain decided to establish his residence and studio on early twentieth century industrial premises. The building, an old, five-story rectangular warehouse, was totally restored with the aim of conserving the original structures. Brick-sealed windows were reopened and vaulted arches repaired in order to recover their original appearance. Openings and doors subsequently added to the building were eliminated. The layout includes the living space for a couple with a room for an art collection, a terrace, and a studio and offices for some forty people.

LOCATION / LOCALISATION / LAGE
Antwerpen, Belgique

PHOTOGRAPHY / PHOTOGRAPHIE / FOTOGRAFIE
Ludo Noel, Jan Verlinde

www.jocrepain.be

L'architecte Jo Crepain a décidé un beau jour d'installer sa résidence et son studio dans un hangar industriel du début du siècle. L'immeuble, un ancien entrepôt de cinq étages et à la superficie rectangulaire, a été totalement restauré dans la volonté toutefois de conserver la structure originale. Les fenêtres, celées par des briques, ont été ouvertes, et les arcs boutés réparés dans le but de récupérer leur aspect primitif. Les ouvertures et les portes installées a posteriori ont été éliminées. Le programme a créé une résidence destinée à un couple, avec une salle réservée à une collection d'art, une terrasse, un studio et un bureau pour 40 personnes.

Der Architekt Jo Crepain entschied sich, seinen Wohnsitz und sein Studio in einer Fabrikhalle aus dem Beginn des letzten Jahrhunderts einzurichten. Das Gebäude ist ein altes Lager bestehend aus fünf Stockwerken mit rechteckigem Grundriß und wurde gänzlich restauriert, wobei aber beabsichtigt war, die Originalstrukturen zu erhalten. Die zugemauerten Fenster wurden wieder geöffnet, die Gewölbebögen wurden repariert und erhielten ihren ursprünglichen Aspekt zurück. Sämtliche nachträglich eingebauten Öffnungen und Türen verschwanden. Der Loft ist gleichzeitig Wohnsitz eines Paares mit einem Kunstsammlungssaal, einer Terrasse, Studio und Büros für 40 Mitarbeiter.

The main room is flooded with light thanks to wide lateral and frontal windows. The terrace faces west and communicates with the interior of the home by way of large sliding glass doors.

Le salon principal est inondé de lumière grâce aux amples baies vitrées latérales et frontales. La terrasse est face à l'ouest et communique avec l'intérieur de l'appartement à travers d'immenses portes coulissantes en verre.

Das Wohnzimmer ist dank der großer Seiten- und Frontfenster lichtdurchflutet. Die Terrasse ist zur Westseite ausgerichtet und der Wohnungsinnenteil ist über immense Glasschiebetüren zu erreichen.

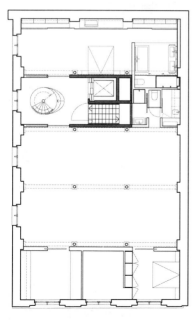 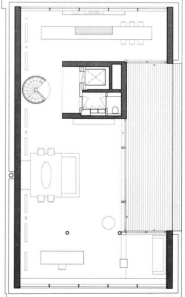

• Loft Crepain

The living space occupies the two upper floors of the building. Its placement allows for the enjoyment of spectacular panoramic views of the city, with the tower of Antwerp cathedral as a magnificent focal point.

L'espace destiné au domicile occupe les deux derniers étages de l'immeuble. Sa situation permet de profiter d'une vue spectaculaire sur la ville, avec la tour de la cathédral d'Ambères comme magnifique point de mire.

Die Wohnung liegt in den letzten beiden Etagen des Gebäudes. Diese Lage ermöglicht, den spektakulären Ausblick über die Stadt zu genießen, wobei der Anblick des Turms Antwerpener Kathedrale besonders hervorsticht.

3'60 x 20 + patio | E. LÓPEZ y M. RIVERA

This loft's name refers to the dimensions of the space's rectangular, open-layout groundplan. Located on old industrial premises, the space receives light through only one façade. To get around this, skylights and a patio were installed in the two-level home.

On the lower ground are found the study, the dining room, the kitchen and the living room, a double-level space receiving natural light from a linear skylight and the upper level patio. Bedrooms are found on the mezzanine level, also an open-layout space. On both levels a fluid piece of furniture contains service areas and an auxiliary stairway.

LOCATION / LOCALISATION / LAGE
Barcelona, España

PHOTOGRAPHY / PHOTOGRAPHIE / FOTOGRAFIE
Jordi Miralles

Le nom de ce loft vient des dimensions de sa superficie diaphane et rectangulaire. Situé dans un ancien entrepôt industriel, la lumière n'y entre que part une de ses façades, raison pour laquelle une lucarne et une cour ont été créées. La résidence est organisée sur deux étages.

Au rez-de-chaussée, se trouve le studio, la salle à manger, la cuisine et le salon, un espace à double hauteur qui reçoit la lumière d'une lucarne linéale et de la cour située à l'étage supérieur. Entre les deux superficies, diaphanes elles aussi, se trouvent les chambres à coucher. Un meuble continu sur les deux étages sert d'espaces destinés aux services et contient un escalier auxiliaire.

Der Name dieses Lofts ist bezeichnend für die Dimensionen dieses hellen, rechteckig ausgerichteten Stockwerks. Er liegt in einer alten Fabrikhalle, die ihr Licht nur über eine der Fassaden erhält. Aus diesem Grund entschied man sich zur Öffnung von Oberlichtern sowie eines Innenhofs. Die Wohnung besteht aus zwei Etagen.

In der unteren Etage liegen ein Studio, das Eßzimmer, die Küche und das Wohnzimmer. Ein Raum von doppelter Höhe erhält sein Licht über ein länglich angeordnetes Oberlicht und dem Innenhof, der sich in der oberen Etage befindet. Im Zwischenstock –auch eine offene Etage– liegen die Schlafzimmer. Ein durchgehendes Möbel auf beiden Stockwerken beherbergt Servicebereiche sowie eine Nebentreppe.

The element that defines both levels and organizes the functions of the home is a large longitudinal plywood piece of furniture. It contains closets, a sink, a bathroom, a pantry, a washing machine, the kitchen, a television and a secondary set of stairs.

Un grand meuble longitudinal en bois contreplaqué sert a articuler les différentes fonctions de cette résidence. Il contient les armoires, l'évier, les toilettes, le garde manger, la machine à laver, la cuisine, la télévision, et un escalier secondaire.

Ein großes längliches Möbel aus Holzfurnier, das sich auf jeder der Etagen befindet, wird zur Raumgliederung und als Organizer der Nutzbereiche genutzt. Darin befinden sich Schränke, Spülbecken, Toilette, Vorratskammer, Waschmaschine, Küche, Fernseher und eine Nebentreppe.

36 · 3'60 x 20 + patio

The patio opens completely toward the living room by way of a collapsible glass door.
In good weather, this space may act as an open-air movie theater. The back wall, also visible from the lower level, serves as the screen.

La cour est ouverte totalement sur le salon grâce à une baie vitrée abattable. Quand il fait beau, cet espace peut se transformer en une salle de projection en plein air. Le mur du fond, aussi visible depuis le rez-de-chaussée, sert d'écran.

Anhand einer klappbaren Glasfront kann das Wohnzimmer zum Innenhof komplett geöffnet werden. Sobald gutes Wetter herrscht, kann dieser Bereich in ein Freiluftkino verwandelt werden. Die Hinterwand, die auch von den unteren Etage einzusehen ist, wird dann zur Filmleinwand.

Charlotte Road Loft | BLUEBASE

Expert chef Annissa Halu was looking for an open, luminous space with a large, professional kitchen where she could record her televised cooking show. She decided on this two-story loft situated in a late-nineteenth century building in the elegant neighborhood of Shoreditch. The top floor contains the large kitchen and an office. The different treatment of the wood floor covering and the design of the furniture serve to differentiate the two areas. A glass strip in the floor, close to the stairs, maintains visual connection with the rest of the home.

Annisa Halu, une experte cuisinière, recherchait un espace ouvert et lumineux avec une ample cuisine professionnelle où pouvoir enregistrer son programme de cuisine pour la télévision. Elle choisit ce loft sur deux étages situé dans un immeuble de la fin du XIX ème siècle dans l'élégant quartier de Shoreditch. L'étage supérieur comprend une grande cuisine et un studio. La frontière entre les deux zones est marquée par un traitement différent du bois qui recouvre le sol et par le design du mobilier. La connexion visuelle avec le restant de la maison est maintenue grâce à une frange en verre située à terre près de l'escalier.

Die Kochexpertin Annissa Halu suchte einen weitläufigen hellen Bereich für eine große professionelle Küche, in der sie ihr kulinarisches Programm für das Fernsehen aufzeichnen konnte. Sie entschied sich für diesen 2etagigen Loft in einem Gebäude, das Ende des 19. Jarhunderts im eleganten Shoreditchviertel entstand. In der oberen Etage befinden sich die große Küche und ein Studio. Beide Bereiche sind durch unterschiedliche Holzböden sowie unterschiedlichem Möbeldesign sichtbar voneinander getrennt. Der Rest der Wohnung ist dank einer im Boden eingelassenen Glasblende nahe der Treppen ersichtlich.

LOCATION / LOCALISATION / LAGE
London, United Kingdom

PHOTOGRAPHY / PHOTOGRAPHIE / FOTOGRAFIE
Peter Cook / View

www.bluebase.com

On the top floor, the absence of height-consuming partitions assures the abundant entrance of light.

À l'étage supérieur, le manque de divisions utilisant toute la hauteur du sol au plafond, assure un grand apport de lumière.

In der oberen Etage, in der keinerlei Unterteilungen über die gesamte Raumhöhe vorhanden sind, ist reichlicher Lichteinfall garantiert.

A bedroom with a bath, a corridor with service areas, a guest bathroom and a living room occupy the first floor of the home. To achieve different atmospheres, colors and constructive materials have been utilized in a playful manner.

Une chambre à coucher avec salle de bain, un couloir avec zones de services, une salle de bain pour les visites et un salon occupent le premier étage de cette résidence. Différentes ambiances ont été ainsi obtenues en jouant avec la couleur et les matériaux de construction.

Ein Schlafzimmer mit Bad, ein Flur mit Servicebereich, ein Gästebad und ein Wohnzimmer befinden sich in der ersten Etage der Wohnung, Um unterschiedliche Wohnatmosphären zu schaffen, wurde hier mit Farben und verschiedenen Baumaterialien gespielt.

Claesson Apartment | CLAESSON KOIVISTO RUNE

LOCATION / LOCALISATION / LAGE
Stockholm, Sverige

PHOTOGRAPHY / PHOTOGRAPHIE / FOTOGRAFIE
Patrik Engquist

www.scandinaviandesign.com
/claesson-koivisto-rune

The project involved converting an apartment with a garret into the home of architect Martin Claesson. For Mr. Claesson, the project was intriguing because he was able to consider it as an ongoing experiment without any client pressure. The project involved recuperating the old attic as a useful space and building a small terrace. The lower floor was organized as a fluid space in which the only door is the one to the bathroom. In this way, the apartment was transformed into a large open room that intertwines kitchen, dining room, study and bedroom.

Le programme devait s'occuper de la rénovation d'un appartement au dernier étage d'un immeuble afin de le convertir en la résidence habituelle de Märten Claesson, un des architectes du studio. C'était pour lui l'occasion d'aborder un travail personnel intéressant car il pouvait envisager le projet comme une expérience sans supporter la pression du client. Toute la superficie utile a été récupérée et destinée au vieil appartement et à la création d'une petite terrasse. L'étage de dessous a été organisé comme un espace diaphane où la seule porte existante est celle des toilettes. C'est ainsi que l'appartement a été transformé en une seule et unique pièce qui entrelaçait cuisine, salon, salle à manger, et chambre à coucher.

Die Aufgabe bestand darin, eine Wohnung mit Dachetage zu renovieren, um es in das Heim von Mårten Claesson zu verwandeln, der einer der Architekten dieses Büros ist. Es war für ihn interessant, etwas Persönliches zu schaffen. Er konnte es als privates Experiment durchführen, ohne unter dem Druck eines Auftraggebers stehen zu müssen. Bei dieser Intervention wurde die alte Dachwohnung als Nutzfläche wiederhergestellt, aus der eine kleine Terrasse wurde. Die untere Wohnung wurde als durchgehender offener Raum gestaltet, in der es nur eine Tür zu einer Toilette gab. So wurde das Apartment in einen einzigen Raum verwandelt, in dem sich Küche, Wohn- und Eßbereich, Studio und Schlafzimmer vereinen.

The distribution of the rooms is handled in a way that clearly demarcates public and private spaces. The bedroom and study are on the upper level, while the entrance, the dining room, the kitchen and the living room are located on the lower floor.

La distribution des pièces marque clairement la différence entre les espaces publiques et privés. C'est pour cela que la chambre à coucher et le studio se trouvent à l'étage supérieur et l'entrée, la salle à manger, la cuisine et le salon à l'étage inférieur.

Die Aufteilung der Bereiche erfolgte so, daß man klar die Trennung zwischen den privaten von den öffentlichen Bereichen erkennen kann. Aus diesem Grund befinden sich Schlafzimmer und Studio in der oberen Etage, Eingang, Eßraum, Küche und Wohnraum llegen in der unteren Etage.

The stairs that join the two levels is hidden behind a small, freestanding wall between the dining room and the kitchen area. The color contrast of some of the surfaces is the result of the use of Arizona desert rocks.

L'escalier qui communique les deux étages est caché derrière un petit mur indépendant entre la salle à manger et la zone de cuisine. Le contraste de couleurs entre certaines superficies est le résultat de l'utilisation de pierres du désert d'Arizona.

Die Treppe, die beide Etagen miteinander verbindet, liegt versteckt hinter einer kleinen freistehenden Mauer zwischen Eßraum und Küchenbereich. Bei einigen Oberflächen entstehen die Farbkontraste durch die Verwendung von Wüstengestein aus Arizona.

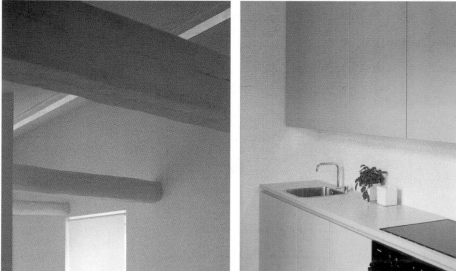

Marton Newman Loft | SIDNAM PETRONE GARTNER

The architects were faced with the problem of maintaining an open space that profited from the entrance of light through the building's four façades, while meeting the demands of a plan that required a more traditional formulation of the rooms. The key was a longitudinal division of space by means of a 30-cm (12 inches) thick translucent wall that contains the bedrooms. This area was fitted out with a platform upon which the bedrooms rest. Other projects involved reopening the skylights in the roof and renovating the stairs leading to the terrace.

LOCATION / LOCALISATION / LAGE

New York, United States

PHOTOGRAPHY / PHOTOGRAPHIE / FOTOGRAFIE

Michael Moran

www.spgarchitects.com

Les architectes devaient résoudre le problème de conserver l'espace ouvert, afin de rentabiliser l'entrée de la lumière à travers les quatre façades de l'immeuble, tout en respectant la nécessité de suivre un programme avec une distribution des chambres à coucher plus traditionnelle. La solution fut la division longitudinale de l'espace à travers un mur translucide d'à peu près 30 cm d'épaisseur où se trouvent les chambres à coucher. La réouverture des yeux de bœuf du plafond et la réforme de l'escalier qui conduit jusqu'à la terrasse font partie des différentes opération réalisées.

Bei diesem Projekt hatten die Architekten das Problem zum Erhalt eines offenen Raums zu lösen, um den Lichteinfall über vier Fassadenseiten des Gebäudes zu erreichen und der Notwendigkeit, ein Bauprogramm zu erfüllen, das aber gleichzeitig einen traditionellen Entwurf der Räumlichkeiten zuließ. Der Schlüssel dafür war die Längstdivision des Gesamtraums mittels einer durchscheinenden 30 cm dicken Wand, hinter der dann die Schlafzimmer vorgesehen waren. In diesem Bereich wurde eine Empore eingezogen, auf der sich die Zimmer befinden. Ebenso mußten Oberlichter in der Decke erneut geöffnet und die Treppe zur Terrasse reformiert werden.

The wall placement allowed the existing structure of columns to be taken advantage of, resulting in the discreet separation of the functional areas of the home.

La situation du mur permit de profiter de la structure existante sous forme de colonnes pour séparer les zones fonctionnelles de l'appartement d'une manière discrète.

Der Einbau der Wand ermöglichte, die existierende Säulenstruktur zu beizubehalten, sodaß die funktionellen Bereiche diskret vom Wohnbereich getrennt wurden.

The design of the translucent wall allows its interior to contain closets and shelves. The objects kept in these containers provide the structure with coloring and grant a stroke of originality to the complex.

Le design du mur translucide permet de loger dans son intérieur des armoires et des étagères. Les objets qui y sont rangés apportent de la couleur et un point d'originalité à l'ensemble.

Der Entwurf der durchscheinenden Wand erlaubt eine Nutzung als Schrank und Regal. Die darin aufbewarten Objekte verleihen der Struktur Farblichkeit und geben dem Ganzen eine originellen touch.

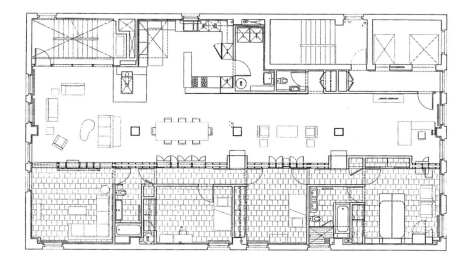

Piso en Palma de Mallorca | FRANCESC RIFÉ

The design of this apartment awards great prominence to the maritime land-scape. This should come as no surprise, given the apartment's unobstruct-ed view of the sea with spectacular vistas of Palma bay. These views were determining factors in the architect's desire to incorporate the exterior into the interior of the home. The initial remodeling project was to join two spaces to form the combined 130-m² (426 square ft.) space of the present apart-ment. The open-plan layout of the home contains the living room, dining room and kitchen. Dialogue with the exterior is constant thanks to large win-dows in the living room and two terraces.

LOCATION / LOCALISATION / LAGE
Palma de Mallorca, España

PHOTOGRAPHY / PHOTOGRAPHIE / FOTOGRAFIE
Eugeni Pons

www.rife-design.com

Le design de cet appartement se base sur la grande importance du paysage maritime. Cela n'a rien d'étonnant car il se trouve juste au bord de la mer et a une vue spectaculaire sur la baie de Palma. Ces deux raisons ont déter-miné la volonté de l'architecte d'incorporer l'extérieur à l'intérieur de l'appar-tement. Le premier pas de la réforme a été l'unification des deux immeubles afin de les convertir en l'actuel appartement de 130 m² qui s'articule autour d'une zone de distribution ouverte qui regroupe le salon, la salle à manger et la cuisine. Le dialogue avec l'extérieur est constant grâce aux grandes baies vitrées du salon et aux deux terrasses.

Beim Design dieses Apartments spiegelt sich die maritime Umgebung wie-der. Dies ist nicht verwunderlich, denn die Wohnung befindet sich auf erster Linie am Meer und hat spektakulären Ausblick über die Bucht von Palma. Alle diese Elemente wurden vom Architekten bei der Innen- wie Außenein-richtung übernommen. Erster Akt der Reformierung war das Verbinden von zwei Wohnungen, um sie in die jetzt 130 m² große Wohnung zu verwandeln, die sich um einen offenen Bereich gliedert, in dem sich Wohnzimmer, Eß-zimmer und Küche befinden. Ein ständiger Diaglog mit der Umgebung fin-det über große Fenster im Wohnzimmer und zwei Terrassen statt.

The space is ordered along a longitudinal axis of some 12 m (39 ft.) in length, a natural limestone volume that integrates the dining room table, the kitchen workspace and the table on one of the terraces.

L'espace est ordonné à partir d'un axe longitudinal d'à peu près 12 m de long composé par un volume en pierre calcaire naturelle et constitué par une table à manger, le plan de travail de la cuisine et la table d'une des terrasses.

Der Raum wird durch eine Längstachse von etwa 12 m Länge aus Naturkalkstein bestimmt, der gleichzeitig den Eßtisch, den Arbeitsbereich der Küche und den Tisch auf einer der Terrassen ergibt.

The low furniture has been designed by the interior decorator, creating spatial partitions without obstructing the views. They also have a double use as displays.

Les meubles bas ont été créés par un architecte d'intérieurs et permettent de diviser l'espace sans pour cela cacher la vue et ont, en plus la double utilité de servir comme éléments d'exposition.

Die niedrigen Möbel wurden von einem Innenarchitekten entworfen. Sie erlauben eine räumliche Aufteilung ohne das Blickfeld zu verstellen und werden gleichzeitig als Ausstellungsflächen genutzt.

A service bin in the kitchen extends horizontally to the back of the library. This module integrates an installation control box and contains cooking, refrigeration and storage services in addition to a sink.

La cuisine dispose d'un placard de service qui s'étend horizontalement jusqu'au fond de la bibliothèque. Cet ensemble contient un réceptacle de control des installations et les services de cuisson, réfrigération, rangement, et le lavoir.

Die Küche verfügt über eine Küchenzeile, die sich horizontal bis hin zur Bibliothek zieht. In diesem Modul befinden sich die Kontrollkästen der Hausinstallationen sowie Kochherd, Kühlschrank, Abstellplatz und ein Waschbecken.

Barbieri Loft | SIMON CONDER ASSOCIATES

Journalist Annalisa Barbieri and photographer Pete Warren selected the second floor of a 19th century industrial building for the site of their home. A desire to conserve the open layout of the space inspired the architects to design an independent module of 1'1 x 9'7 m (3.6 x 31.8 ft.) to contain the kitchen and bathroom without having to erect partitions. Two mobile units, holding clothes, books, a stereo system and television, define the space in three distinct areas. The back wall of the loft has been fitted out with the main bathrooms and the majority of the home's built-in closets.

Le deuxième étage d'un immeuble industriel du XIX ème siècle est l'espace choisi par la journaliste Annalisa Barbieri et le photographe Pete Warren pour y installer leur résidence. La volonté de conserver le plan ouvert de l'appartement a obligé les architectes à créer un espace indépendant de 1'1 x 9'7 m destiné à la cuisine et à la salle de bain sans pour cela avoir besoin de construire de nouveaux murs. Deux éléments amovibles pour y ranger des vêtements, des livres, une chaîne Hi-Fi et la télévision forment les axes qui divisent l'espace en trois secteurs bien différentiés. C'est dans le mur du fond de ce loft que les principaux services et la plupart des armoires encastrées ont été aménagés.

Das zweite Stockwerk eines Industriegebäudes aus dem 19. Jahrhundert wurde von der Journalistin Annalisa Barbieri und dem Fotografen Pete Warren als Wohnsitz gewählt. Der Wunsch, die offene Etage dieser Wohnung zu erhalten, ließ die Architekten ein unabhängiges Modul der Größe 1'1 x 9'7 m entwerfen, in dem die Küche und das Bad untergebracht sind und es keine Notwendigkeit gab, irgendwelche Trennwände zu errichten. Zwei mobile Einheiten, in denen Kleidung, Bücher, Musikanlage und TV Platz finden, teilen die Etage in drei unterschiedliche Bereiche. An der Hinterwand des Lofts wurden Hauptservicebereiche und Großteil der Einbauschränke untergebracht.

LOCATION / LOCALISATION / LAGE
London, United Kingdom

PHOTOGRAPHY / PHOTOGRAPHIE / FOTOGRAFIE
Pete Warren

www.simonconder.co.uk

The kitchen unit is made of wood. It has been raised above floor level, thus permitting the enjoyment of a general view of the living room and exterior from this area. Its height allows the kitchen counter to also serve as a bar.

L'espace cuisine est en bois et surélevé part rapport au sol, ce qui permet de profiter d'une vue générale du salon et de l'extérieur. La hauteur permet aussi au plan de travail de la cuisine de servir comme barre de bar.

Das Küchenmodul aus Holz ist halbhoch, sodaß man von diesem Bereich aus das gesamte Wohnzimmer überblickt und nach außen schauen kann. Seine Höhe ermöglicht es, die Küchentheke auch als Bar zu nutzen.

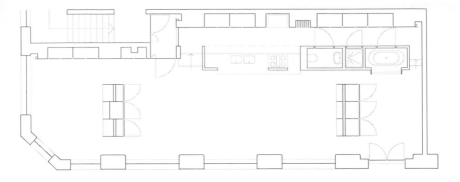

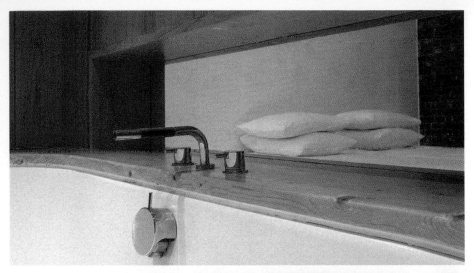

The three compartments of the bathroom –toilet, shower and sink– were designed for independent use when the doors that communicate between the different spaces are in a closed position.

Les trois compartiments de la salle de bain -toilettes, douche et lavabo- ont été conçus de façon à être utilisés de manière indépendante, en fermant simplement les portes qui communiquent les trois espaces.

Die drei Bereiche des Badezimmers – Toilette, Dusche und Waschbecken – wurde so konzepiert, daß sie – wenn die Türen, die die einzelnen Bereiche trennen, geschlossen bleiben – unabhängig voneinander genutzt werden können.

Gary's Apartment | EDGE (HK) LTD

The limited 30 m² (98 square ft.) dimensions of this single-occupancy apartment required finding efficient solutions that would make optimum use of the space. The furniture design, lighting system and mobility of the partitions allow the main room of the home to function as living room, office, dining room, bedroom, dressing room and even a movie theater. When necessary, floating curtains hide shelves and closets containing books and clothes. This transformational quality allows for the creation of environments apropos to each circumstance.

LOCATION / LOCALISATION / LAGE
Island East, Hong Kong

PHOTOGRAPHY / PHOTOGRAPHIE / FOTOGRAFIE
Almond Chu

www.edge.hk.com

Les quelques 30 m² de cet appartement de célibataire ont imposé la nécessité de trouver des solutions efficaces pour profiter de l'espace au maximum. Le design du mobilier , le système d'éclairage et la mobilité des divisions donnent la possibilité au salon principal de l'appartement de servir de salon, de studio, de salle à manger, de chambre à coucher, de garde-robe et même de salle de projection de cinéma. Des rideaux flottants cachent, si nécessaire, les étagères et les armoires où sont rangés entre autres livres et vêtements. Ces possibilités de transformation permettent de créer l'ambiance idéale à chaque moment.

Die gerade mal 30 m² dieses Apartments eines Singles erforderten, eine gangbare Lösung zur maximalen Raumnutzung zu finden. Das Möbeldesign, das Beleuchtungssystem und die beweglichen Trennteile ergeben die Möglichkeit, aus diesem Wohnraum ein Wohnzimmer, Studio, Eßraum, Schalfzimmer, Ankleideraum wie auch Kinoprojektionsraum zu machen. Leichte Vorhänge verdecken nach Wunsch Regale und Schränke, in den von Büchern bis Kleidung alles aufbewahrt wird. Diese Veränderungen ermöglichen, in jeder Situation das jeweils gewünschte Ambiente zu schaffen.

Light plays an important role in determining the creation of environments. Blue fluorescent light bathes the floor in a supernatural brilliance, while the different intensity of ceiling lights emphasizes structural elements of the home.

L'éclairage joue un rôle déterminant dans la création d'ambiances. Des couleurs fluorescentes bleutés inondent le sol d'une clarté surnaturelle et la différence d'intensité de lumière provenant du plafond articule les éléments structuraux de l'appartement.

Die Beleuchtung spielt bei der Schaffung von Ambiente eine bedeutende Rolle. Blaue Leuchtröhren lassen den Fußboden übernatürlich glänzen und unterschiedliche Intensität der Deckenbeleuchtung streicht die Strukturelemente der Wohnung hervor.

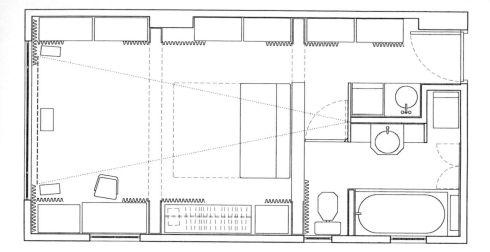

A solid cherry wood volume contains the kitchen, sink and movie projector. Its solidity highlights an intentional contrast with the dominant translucent and transparent materials.

Un élément en bois de cerisier massif comprend la cuisine, le lavoir et le projecteur de cinéma. Sa solidité recherche délibérément le contraste avec les matériaux translucides et transparents.

Ein massives Holzmodul beinhaltet die Küche, Waschbecken und den Filmprojektor. Sein solider Aspekt kontrastiert mit anderen transparenten Materialien.

Wolkowitz Residence | GABELLINI ASSOCIATES

This 325 m² (1066 square ft.) apartment occupies a privileged place on Manhattan's Park Avenue. The home boasts exterior views from each of the building's four sides along with three terraces. It was designed as a horizontal space with white plaster ceilings and limestone floors. The most important rooms of the residence –the living room, study and master bedroom– were conceived as patios organized around large independent mahogany and glass volumes. The mahogany volumes contain closets and hide structures. The glass volumes endow the bathrooms with a greater sense of space.

LOCATION / LOCALISATION / LAGE
New York, United States

PHOTOGRAPHY / PHOTOGRAPHIE / FOTOGRAFIE
Paul Warchol

www.gabelliniassociates.com

Cet appartement de 325 m² occupe un site privilégié à Park Avenue, dans l'île de Manhattan. Il dispose de vues sur l'extérieur à travers les quatre façades de l'immeuble et possède trois terrasses.
Cette résidence a été créée sur un plan spatial horizontal limité par des plafonds en plâtre blanc et des sols en pierre calcaire. Les pièces les plus importantes de cette résidence –salon, studio et chambre à coucher principale– ont été structurés comme des cours ordonnées autour de grands volumes indépendants en acajou et en verre. Les premiers contiennent les armoires et cachent les structures. Dans les seconds se trouvent les salles de bain.

Dieses 325 m² große Apartment liegt an der privilegierten Park Avenue auf der Insel Manhattan. Es verfügt über unterschiedliche Aussichten über vier Fassadenseiten und hat drei Terrassen.
Die Residenz wurde als weitläufiger offener Raum entworfen, der nur von weißen Gipsdecken und Kalksteinfußboden limitiert wird. Die wichtigsten Räume dieser Wohnung –Wohnraum, Studio und großer Schlafraum– wurden jeweils als eine Art Patio strukturiert, die um großvolumige unabhängige Elemente aus Mahagoni und Glas angeordnet sind. Erstere beinhalten Schränke und verdecken Strukturen. In den Glaselementen liegen die Badezimmer.

Opaque glass walls separate the bathrooms from adjacent spaces. In the master bathroom, the low voltage glass walls and sliding door may pass from opaque to transparent, converting the complex into a brilliant floating box.

Des murs en verre opaque séparent chaque lavabo des espaces adjacents. Dans la salle de bain principale, les murs de séparation et la porte coulissante sont en verre de bas voltage et peuvent passer de l'opacité à la transparence, et transforme l'ensemble en une boite lumineuse flottante.

Opake Glaswände trennen jeweils die Sanitäranlagen vom restlichen Raum. Im Hauptbad bestehen diese Wände und die Schiebetür aus Glas, das von lichtdicht zu transparent wechseln kann und das Ganze in eine luminöse schwebende Einheit verwandelt.

The classic patina of this apartment results from the use of materials such as plaster and white marble. It reflects a desire to create an adequate atmosphere to admire the collection of 20th century photographs housed in one of the rooms.

L'aspect classique de cet appartement vient de l'utilisation de matériaux comme le plâtre ou le marbre blanc et répond à la volonté de créer une atmosphère adéquate afin de contempler la collection de photographies du XX ème siècle recueillie dans une des pièces de la résidence.

Die klassische Patina dieses Apartments wurde anhand von Materialien wie Gips oder weißem Marmor erreicht. Auf diese Weise wurde die entsprechende Atmosphäre geschaffen, um in den Wohnräumen dieser Residenz die Fotokollektion aus dem 20. Jahrhundert zur Geltung zu bringen.

Apartamento con azotea |STEFANO COLLI

The architect decided to enlarge the living space of this apartment to take advantage of the 150-m² (490-sq. ft.) terrace roof. With that in mind, a volume was erected on the terrace to house the master bedroom, a bath, a dressing room and bathroom. This solution improved the relation of exterior spaces with interior ones, which now communicate visually, and optimized the entrance of light into the home. Sufficient space was left on the terrace for a dining room, pergola, summer kitchen, solarium zone, open-air showers and a storage room.

LOCATION / LOCALISATION / LAGE
Barcelona, España

PHOTOGRAPHY / PHOTOGRAPHIE / FOTOGRAFIE
José Luís Hausmann

L'architecte a décidé d'augmenter la superficie habitable de cet appartement pour profiter des 150 m² de terrasse qui lui correspondait. C'est pour cela qu'un volume a été construit au dessus de la terrasse afin d'y loger la chambre à coucher principale, une salle de bain, une garde-robe, et une pièce de service. Cette solution a amélioré la relation entre l'extérieur et l'intérieur, permet la communication visuelle entre les deux et facilite l'entrée de lumière. Un espace suffisant de l'extension de terrasse disponible a été conservé afin d'y situer une salle à manger, une pergola, une cuisine d'été, un solarium, des douches en plein air, et un garde-manger.

Der Architekt entschied sich, zur Vergrößerung der Wohnfläche, die 150 m² der Dachterrasse zu nutzen. Hierzu schuf er auf der Terrasse einen Aufbau, in dem das große Schlafzimmer, ein Bad, ein Ankleidezimmer und ein Serviceraum untergebracht sind. Diese Lösung erlaubte, eine visuelle Verbindung der Außen- mit den Innenräumen herzustellen, sowie einen größeren Lichteinfall in der Wohnung zu erreichen. Im verbleibenden Teil der Terrasse ergab sich noch ausreichend Platz, um einen Eßraum, eine Pergola, offene Küche, Solarium, Freiluftduschen und einen Abstellraum einzurichten.

Taking advantage of light was a major factor in the spatial design. With this in mind, translucent doors were installed, even in the bathrooms, and an open treatment was given to the stairway that communicates between the two levels. The translucent partition separating the master bedroom from the dressing room also seeks this objective.

Le fait de profiter de la lumière a été déterminant dans la création des espaces, et c'est pour cela que des portes translucides ont été installées, même dans les toilettes, et que l'escalier qui communique les deux étages a été traité d'une façon ouverte. La séparation en pavés qui divise la chambre à coucher principale et la garde-robe poursuit aussi cet objectif.

Die Lichtnutzung war bestimmend für das Design der Wohnbereiche. Aus diesem Grund wurden durchscheinende Türen, auch in den Toilettenräumen, installiert. Auch die Treppe, die beide Etagen verbindet, wurde offen gehalten. Das selbe Ziel der Offenheit verfolgt die Glasbausteinwand, die das große Schlafzimmer vom Ankleidezimmer trennt.

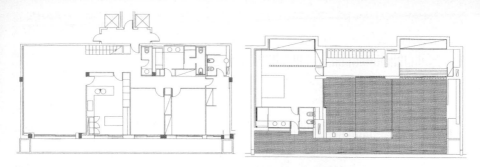

The terrace and pergola floors are made of iroko wood. The open-air showers are done in blazed granite and blue mosaic tile. A wall, the halfway point of which sustains one side of the pergola, adds space to the summer kitchen.

Le sol de la terrasse et de la pergola sont en bois d'iroko. Les douches en plein air ont été réalisées avec du granite flambé et du gressite bleu. Le mur a mi-hauteur où s'appui la pergola comprend la cabine de la cuisine d'été.

Für den Belag des Terrassenbodens und der Pergola wurde Irokoholz verarbeitet. Die Freiluftduschen sind aus geflammten Granit und blauem Keramikmosaik. Die halbhohe Stützmauer auf der einen Seite der Pergola ergibt den Platz für die offene Sommerküche.

75 cm | COEX

LOCATION / LOCALISATION / LAGE

Torino, Italia

PHOTOGRAPHY / PHOTOGRAPHIE / FOTOGRAFIE

Beppe Giardino

www.coex.it

During the first visit made by the architect and client to view this penthouse in the historic center of Turin, the contractor fell down the stairs when the floor gave way beneath his feet. It was clear from then on that the project would have to include the rehabilitation of all existing structures, despite the fact that such an undertaking would absorb the entire design budget. The architects thus decided to integrate the two tasks, adopting the unconventional solution of building two levels, 75 cm apart, in which the floor of the elevated zone would serve as furniture for the rooms on the lower level. The treatment given to the wood floor made this objective possible.

Durant la première visite des architectes et du client rendue à cet appartement situé au derrier étage d'un immeuble du centre historique de Turin, l'entrepreneur tomba dans les escaliers car le plancher se fractura sous ses pieds. Ce fait démontra la nécessité d'inclure dans le projet la réhabilitation des structures existantes, ce qui obligea à destiner celle-ci la totalité du budget prévu pour la décoration. Les architectes ont alors décidé l'intégration des deux missions et ont adopté une solution peu banale qui consistait à construire deux niveaux, séparés de 75 cm, dans lesquels le sol du niveau le plus élevé servirait de mobilier aux pièces du niveau inférieur. Cet objectif a pu être réalisé grâce au revêtement en bois appliqué au sol.

Während des ersten Besuches der Architekten und dem Auftraggeber in dieser Dachgeschosswohnung im historischen Stadtteil Turins, gab der Boden unter dem Bauunternehmer nach und dieser stürzte die Treppe hinunter. Diese Tatsache führte dazu, daß nun auch eine Restaurierung der bestehenden Strukturen vorzunehmen war, dessen Kosten allerdings die vorgesehenen Ausgaben für die eigentliche Gestaltung dieser Wohnung überstiegen. Die Architekten entschieden sich zu einer ungewöhnlichen Lösung, die darin bestand, beide Aufgaben miteinander zu integrieren und konstruierten zwei Ebenen, wobei der Fußboden der 75 cm höheren Ebene als Mobiliar der niedrigeren Ebene genutzt wird. Die Verarbeitung des Holzbodens machte dies möglich.

104 • 75 cm

The limited budget obliged the architects to be especially inventive in the design of the home. Coex decided to take advantage of the uneven spatial distribution, converting the bathroom floor into the work zone of the kitchen and the living room into the dining room table.

Un budget limité a obligé les architectes a aiguiser leur imagination dans la création de cette résidence. Coex a décidé de profiter du double niveau et a réussi à convertir le sol de la salle de bain en un plan de travail pour la cuisine et le salon en une table à manger.

Das limitierte Bugdet Kostenvoranschlag verlangte von den Architekten Erfindertum. Coex entschied sich, Nutzen aus dem Höhenunterschied des Fußbodens zu ziehen und erreichte, den Boden des Bades in Küchenarbeitszone und des Wohnraumes in Eßtisch zu verwandeln.

106 · 75 cm

The spatial incongruity allows the dome of a nearby church to been seen through the high ceiling windows. It also made possible the installation of a bathtub in the bathroom. Two glass walls separate the kitchen from the bathroom and the bedroom from the entrance. The bathroom and the storage space are hidden behind zinc surfaces.

Le double niveau permet de voir à travers les grandes baies vitrées le dôme de l'église la plus proche et a permis l'installation d'une baignoire dans les toilettes. Deux murs en verre séparent la cuisine des toilettes et la chambre à coucher de l'entrée. Les toilettes et la zone de garde-manger sont cachés derrière des surfaces en zinc.

Durch den Höhenunterschied kann man durch die oberen Deckenfenster die Kuppel der nahgelegenen Kirche erblicken und erlaubte ebenso den Einbau einer Badewanne im Toilettenraum. Zwei verglaste Wände trennen die Küche vom Bad und den Schlafraum vom Eingang. Waschbecken und Abstellraum verstecken sich hinter Flächen aus Zink.

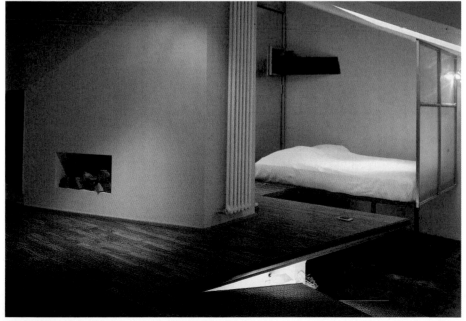

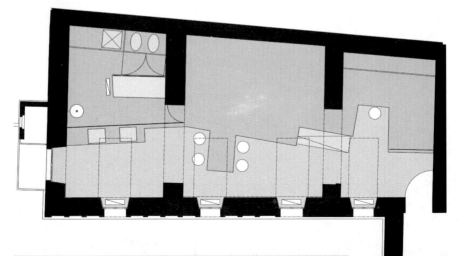

108 · 75 cm

Gordins Apartment | CLAESSON KOIVISTO RUNE

LOCATION / LOCALISATION / LAGE

Stockholm, Sverige

PHOTOGRAPHY / PHOTOGRAPHIE / FOTOGRAFIE

Äke E:son Lindman

www.scandinaviandesign.com
/claesson-koivisto-rune

The architects had to remodel walls, doors, corridors, bathrooms and the kitchen to carry out the project design, such that the renovation came close to being a reconstruction. White opaque glass was inserted into all exterior walls up to the windowsills. A fiber optic illumination system was installed and the floors were covered in whitewashed oak. The new arrangement, conceived with a young family in mind, utilizes a separate area for the library and dedicates a large space to the master bathroom equipped with a small sauna.

Les architectes ont du rénover les murs, les portes, les couloirs, les salles de bain et la cuisine afin d'exécuter ce programme, ce qui convertit le projet quasiment en une reconstruction. Une vitre opaque de couleur blanche qui arrive jusqu'aux rebords des fenêtres a été insérée dans tous les murs extérieurs. D'autre part, un système d'éclairage en fibre optique a été installé et les sols ont été recouverts de bois de chêne blanchi. La nouvelle distribution, créée pour une jeune famille, emploi une zone différente pour la bibliothèque et laisse un grand espace à la salle de bain principale qui comprend aussi un petit sauna.

Um diese Wohnung umzugestalten, wobei es sich fast um einen Wiederaufbau handelte, mußten Wände, Türen, Flure, Badezimmer und die Küche renoviert werden. In sämtliche Außenwände wurde opakes weißes Glas bis hin zu den Fensterbänken eingelassen. Es wurde ein Beleuchtungssystem aus Glasfaseroptik installiert und auf den Fußböden wurde geweißtes Eichenholz verlegt. Die neue Raumaufteilung, die für eine junge Familie erdacht wurde, nutzte einen abgelegenen Bereich als Bibliothek und eine große Raumfläche als großes Badezimmer mit einer kleinen Sauna.

Much of the furniture in the apartment (bookcase, chimney and chairs in the library) was custom-designed by the architects. There are also pieces from other artists, such as a hanging lamp by Isamo Noguchi.

La plus grande partie des meubles de cet appartement, comme la librairie, la cheminée et les chaises de la bibliothèque, ont été créés sur mesure par les architectes. Il existe aussi des éléments d'autres créateurs comme par exemple la lampe suspendue de Isamo Noguchi.

Großteil der Einrichtung des Apartments wurde von den Architekten nach Maß entworfen, wie das Bücherregal, der Kamin und die Stühle in der Bibliothek. Ebenso gibt es Stücke anderer Kreative. Ein Beispiel ist die Hängelampe von Isamo Noguchi.

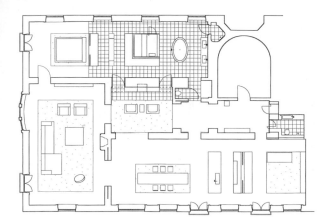

The master bathroom has a small walnut sauna. The Po de Boffi-model bath is of natural stone and designed by the architect Claudio Silvestrin.

La salle de bain principale comprend un petit sauna en bois de noyer et samba. La baignoire, en pierre naturelle, est le modèle Po de Boffi et a été créée par l'architecte Claudio Silvestrin.

Das große Badezimmer mit einer kleinen Sauna aus Nussbaum und Sambaholz. Die Badewanne aus Naturstein ist das Model Po von Boffi und wurde von dem Architekten Claudio Silvestrin entworfen.

Loft Pasaje Sert | SARAH FOLCH SH
para LUX HABITAT

The building in which this loft is located was an old textile factory designed by the architect Josep Lluís Sert. The factory's original structure has been preserved, but the interior was remodeled.

The home has windows in only one of its façades. As such, a single environment was created in which all rooms could enjoy natural light. The bedroom is elevated on a platform that establishes physical and functional separation. Despite industrial references in the form of columns and vaulted arches, the design of the space has a marked accent of sophistication.

L'immeuble où se trouve ce loft était une ancienne usine textile projetée par l'architecte Josep Lluís Sert. La structure originale de cette fabrique a été conservée mais l'intérieur a été réformé.

Comme la résidence n'a de fenêtres que dans une de ses façades, une seule ambiance a été créée afin de permettre que toutes les pièces profitent de la lumière naturelle. La chambre à coucher est située à un niveau surélevé pour établir une séparation physique et fonctionnelle. Malgré les réminiscences industrielles de l'espace, avec ses colonnes et ses arcs boutés, le design a un fort penchant pour la sophistication.

Das Gebäude, in dem sich dieser Loft befindet, ist eine ehemalige Textilfabrik, die vom Architekten Josep Lluís Sert entworfen wurde. Die Originalstruktur des Fabrikgebäudes wurde erhalten, der Innenteil wurde komplett reformiert.

Da sich in dieser Wohnung nur Fenster auf der einen Gebäudeseite befanden, wurde ein einziger offener Raum entworfen, in dem sämtliche Wohnbereiche Tageslicht erhalten. Der Schlafbereich liegt erhöht auf einem Podest, der wiederum eine räumliche und funktionelle Trennung darstellt. Trotz der industriellen Reminizenzen wie Säulen und Gewölbebögen, konnte ein extravagantes Design herausgearbeitet werden.

LOCATION / LOCALISATION / LAGE
Barcelona, España

PHOTOGRAPHY / PHOTOGRAPHIE / FOTOGRAFIE
Jordi Miralles

The choice of formally stylized furniture such as the sun loungers and the chairs by Marten Van Severen or the dining room table by Charles & Ray Eames for Vitra stress the sensation of spaciousness.

L'élection de meubles aux formes stylisées comme les chaises longues et les chaises de Marten Van Severen ou la table à manger de Charles & Ray Eames pour Vitra augmente la sensation d'ampleur.

Die Auswahl von stilisierten Möbelformen wie Liegen und Stühle von Marten Van Severen oder der Eßtisch von Charles & Ray Eames für Vitra, betonen das Gefühl von Weite.

The white walls and ceilings combine with the gray of the sofa and window frames. These tones are repeated in the different decorative elements of the loft, giving rise to chromatic alternation.

Les murs et les plafonds de couleur blanche combinent avec la couleur grise du canapé et des encadrements de fenêtres. Ces tons sont répétés dans les différents éléments de la décoration et dans les meubles de ce loft, et créant une alternance chromatique.

Das Weiß der Wände und Decken wurde mit dem Grau des Sofas und der Fensterrahmen kombiniert. Diese Farbtöne wiederholen sich bei unterschiedlichen Dekorationsstücken und Möbeln und schaffen eine chromatische Abwechslung.

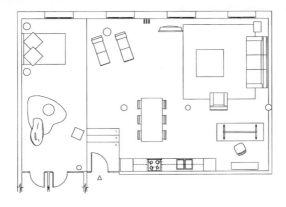

Covent Garden Apartment | FORM DESIGN ARCHITECTURE

The architects situated this apartment atop the upper floor of an old Covent Garden warehouse. The layout of the two-level penthouse is essentially open. The client wanted views of the living room from the bedroom, located on the upper level, without permitting sight of this area from the living room. To this end, a hardened glass screen of incremental clarity was installed along the limits of the upper level. This screen is opaque at the bottom and becomes gradually translucent as it approaches the ceiling, where it is transparent. The kitchen, designed to be as compact as possible, is discreet and functional.

Les architectes ont construit cet appartement au dessus du dernier étage d'un ancien entrepôt de Covent Garden. Il est construit sur deux niveaux et son plan est essentiellement ouvert. Le client désirait voir le salon depuis sa chambre à coucher située au niveau supérieur, mais n'aimait pas que cette pièce soit vue depuis le salon. C'est pour cela qu'un écran en verre durci à la clarté progressive a été installé tout au long de la limite du niveau supérieur. Cet écran est opaque à la base et devient plus translucide au fur et à mesure qu'il s'approche du plafond, ou il devient transparent. La cuisine, créée de manière le plus compacte possible, est discrète et fonctionnelle.

Die Architekten ließen dieses Apartment über den obersten Stock eines alten Lagers in Covent Garden konstruieren. Diese Dachgeschosswohnung ist essentiell offen und besteht aus zwei Wohnhöhen. Der Bauherr äußerte den Wunsch, das Wohnzimmer vom Schlafzimmer im Zwischengeschoss einsehen zu können, wollte aber nicht, daß man von dort in sein Zimmer sehen kann. Aus diesem Grund wurde ein Schirm aus gehärtetem Glas mit abgestufter Durchsichtigkeit am Rand des Zwischengeschosses installiert. Am unteren Band ist dieser Schirm lichtdicht und wird immer durchsichtiger je mehr er sich der Decke nähert. Die Küche, die so kompakt wie möglich entworfen wurde, ist gemäßigt und funktionell.

LOCATION / LOCALISATION / LAGE
London, United Kingdom

PHOTOGRAPHY / PHOTOGRAPHIE / FOTOGRAFIE
Mike Neale-Form Design Architecture

www.form-architecture.co.uk

Collapsible panels that occupy very little space isolate the bedroom when desired. The window above the bed employs a similar system to control the entrance of light.

Dans la chambre à coucher, des panneaux pliants qui occupent très peu d'espace isolent cette pièce quand cela est nécessaire. La fenêtre au dessus du lit utilise un système similaire pour contrôler l'entrée de lumière.

Durch zusammenklappbare Paneele, die wenig Platz in Anspruch nehmen, kann das Schlafzimmer zum gegebenen Moment abgeteilt werden. Das Fenster über dem Bett mit dem selben System wird zur Raumabdunklung genutzt.

Kitchen counters are hidden behind the rail of a raised bar. A white, built-in wall closet serves to contain all work instruments. Viewed from the living room, the presence of the kitchen Is almost nonexistent.

Les différents plans de travail de la cuisine sont cachés derrière une barre de bar surélevée. Une armoire de couleur blanche encastrée dans le mur sert à ranger tous les instruments de travail. C'est ainsi que depuis le salon, la présence e la cuisine est presque inexistante.

Die Küchenarbeitsplatten liegen versteckt hinter einer Bartheke. In einem weißen Einbauschrank finden sämtliche Arbeitsutensilien Platz. Auf diese Weise ist die Küche vom Wohnzimmer aus praktisch nicht präsent.

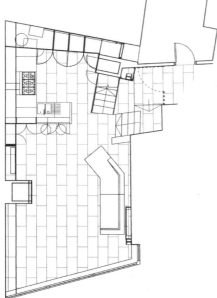

Wulf/McCracken Residence | ELMSLIE OSLER

The full-scale remodeling and joining of two apartments allowed the clients to occupy the entire top floor of the building in which this home is situated. Previously, the space was divided into multiple rooms, necessitating the elimination of some partitions in order to have a more open layout. The kitchen is located in the center of the apartment and establishes limits between more private zones and those of communal use such as the living room. The sole exception to this arrangement is the master bedroom, situa-ted in proximity to the dining room. The desire to create a comforting and systematic environment determined the selection of materials.

Le renouvellement complet et l'union de deux appartements a permis aux clients d'occuper tout l'étage supérieur de l'immeuble où se trouve cette résidence. Antérieurement, l'espace était divisé en plusieurs pièces, ce qui a obligé à éliminer certaines cloisons afin de créer un plan plus ouvert. La cuisine est située au centre de l'appartement et sert de limite entre les zones les plus privées et celles d'usage commun comme le salon. La seule exception dans cette organisation est la chambre à coucher principale, située près de la salle à manger. Les matériaux ont été choisis dans la volonté de créer un ambiance accueillante et bien régulée.

Die komplette Renovierung und das Zusammenlegen zweier Apartments ermöglichten dem Bauherrn, das gesamte Dachgeschoss dieses Gebäudes als Wohnung zu nutzen. Zuvor war diese Wohnung in viele kleine Zimmer aufgeteilt, was dazu führte, daß einige Zwischenwände eliminiert werden mußten, um eine offenere Etage zu bekommen. Die Küche liegt im Zentrum des Apartments und gilt als Abgrenzung zwischen den privateren und den kommunen Bereichen wie dem Wohnzimmer. Einzige Ausnahme bei dieser Aufteilung ist das Hauptschlafzimmer, das gleich neben dem Eßzimmer liegt. Bei der Wahl der Materialien spielte der Wunsch nach einem gemütlichen aber doch systematisch ausgerichtetem Heim eine Rolle.

LOCATION / LOCALISATION / LAGE
New York, United States

PHOTOGRAPHY / PHOTOGRAPHIE / FOTOGRAFIE
Matthu Placek

www.eoarch.com

Columns wrapped in sisal fiber and the limestone walls exemplify the architects' interest in incorporating textures into the spatial design that call attention to the sense of touch.

Les colonnes enveloppées dans un tissus en toile de jute et les murs en pierre calcaire sont la démonstration de l'intérêt des architectes pour l'incorporation de textures qui stimulent le sens du toucher dans la création d'espaces.

Die sisalumhüllten Säulen und die Kalksteinwände sind ein Zeichen für die Absicht des Architekten, in dieser Wohnung beim Raumdesign Texturen zu verwenden, die den Tastsinn wecken.

Bamboo and cork floors, ash-wood closets and concrete countertops align with the floating, silver-plated ceiling panels and the windows and doors with stainless-steel frames that open to the exterior.

Les sols en bambou et en liège, les armoires en bois de frêne et les plans de travail en béton s'opposent aux panneaux flottants argentés du plafond et aux fenêtres et aux portes avec leur encadrement en acier inoxydable qui s'ouvrent vers l'espace extérieur.

Bambus- und Korkböden, Schränke aus Eschenholz und Küchenarbeitsplatten aus Beton werden mit silberfarbenen Zimmerdeckenplatten, Außenfenstern und Türen mit Edelstahlrahmen konfrontiert und öffnen den Raum nach außen.

Casa Lobina | UdA (UFFICIO DI ARCHITETTURA)

The special feature of this home is the series of stratified glass panels that serve as spatial divisions and screens for a slide show. The clients, art collectors, decided to keep some of the rooms empty to highlight the aesthetic power of the images on display, in many cases family heirlooms. Reformation work on the existing walls was minimal. The walls were painted to match the epoxy mortar covering the floor. The few objects utilized to meet the functional necessities of the home mark a clear Minimalist influence.

La particularité de cette résidence repose sur l'installation d'une série de panneaux en verre stratifié qui servent de division de l'espace et d'écran pour la projection de diapositives. Les clients, collectionneurs d'art, ont décidé de maintenir certaines pièces vides afin de rehausser l'impact esthétique des images représentées comme c'est le cas de certains souvenirs de famille. L'intervention sur les murs déjà existants a été minime. Les murs ont simplement été peints de la même couleur que le mortier en époxy qui recouvre le sol. Les seuls objets qui ont été utilisés afin de résoudre les besoins fonctionnels du foyer sont de claire inspiration minimaliste.

Die Besonderheit dieser Wohnung besteht in der Installation einer Reihe von beschichteten Glaswänden, die als Raumteilung und als Projektionsleinwände für Diapositive verwendet werden. Die Wohnungsinhaber –ihres Zeichens Kunstsammler– ließen bewußt einige Bereiche leer, um in ihnen die Ästhetik der vorgeführten Aufnahmen –meistens Familienerinnerungen– hervorzuheben. In die bestehenden Wände wurde nur minimal eingegriffen. Sie wurden ganz simple mit Epoxymörtel in der selben Farbe des Fußbodens gestrichen. Nur wenige funktionelle Objekte vermitteln die klare minimalistische Inspiration.

LOCATION / LOCALISATION / LAGE
Torino, Italia

PHOTOGRAPHY / PHOTOGRAPHIE / FOTOGRAFIE
Emilio Conti

www.uda.it

The Minimalist influence contrasts wlth the explosive forms and colors of a decorative installation consisting of large images. The installation becomes a vehicle for dialogue between physical and virtual spaces.

L'influence minimaliste contraste avec l'explosion de formes et de couleurs d'une décoration qui expose des images de grande taille et qui arrive à devenir une voie de dialogue entre les espaces physiques et virtuels.

Der minimalistische Einfluß konstrastiert mit der Form- und Farbexplosion der dekorativen Großaufnahmen, die sich zu einem Dialog zwischen Raum und Virtualität verwandeln.

The connection of various electrical switches permits remote control viewing of slide shows. The screens are of stratified glass and painted with a special ocher-colored pigment that gives a grainy textural effect.

La commande à distance du projecteur de diapositives est connectée à plusieurs interrupteurs de courrant. Les écrans sont en verre stratifié et ont été peints avec un pigment spéciale de couleur ocre qui provoque un effet de texture sableuse.

Der Kontakt zu verschiedenen Schaltern erfolgt über eine Fernsteuerung der Diaprojektoren. Die Schirme sind aus beschichtetem Glas, das mit einem ockerfarbenem Spezialpigment behandelt wurde und den Effekt der Sandstruktur ergibt.

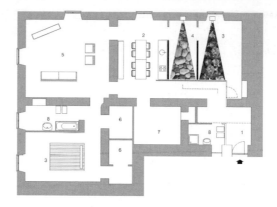

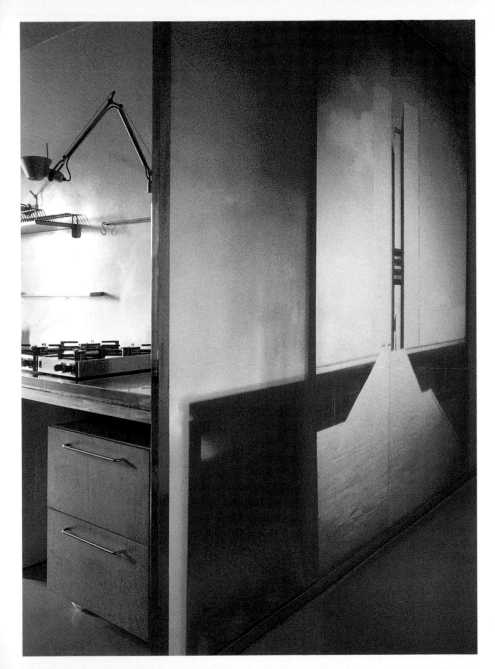

Loft Godivier | JEAN-LOUIS GODIVIER

Jean-Louis Godivier chose a loft in a 17th century edifice to be the site of his and his family's home. The architect did away with the existing walls and reorganized the space to include a large, rectangular living room and two bedrooms. The entire length of one of the walls was fitted out with closets and containers to hide the pipes. In this way, space was optimized and furniture that would interrupt the openness of the room was kept at a minimum. Accessed by a way of spiral staircase, the roof terrace doubles the space of the loft and serves as summer dining area.

LOCATION / LOCALISATION / LAGE

Paris, France

PHOTOGRAPHY / PHOTOGRAPHIE / FOTOGRAFIE

Laurent Teisseire

godivier.free.fr

Un loft dans un immeuble du XVII ème est l'endroit choisi par Jean-Louis Godivier pour y fixer sa résidence et celle de sa famille. L'architecte a démoli les murs existants et a réorganisé l'espace dans l'objectif d'inclure une grande salle rectangulaire et deux chambres à coucher. Des armoires et des placards qui cachent les tuyauteries occupent un des murs sur toute sa longueur. De cette manière, l'espace a été profité au maximum et un minimum de meubles ont été nécessaires afin de ne pas perturber l'aspect diaphane de la pièce. La terrasse de l'immeuble, à laquelle ont accède à travers un escalier en colimaçon, est une salle à manger d'été qui multiplie par deux la superficie de ce loft.

Jean-Louis Godivier wählte für sich und seine Familie ein Loft in einem Gebäude aus dem 17. Jahrhundert. Die vorhandenen Wände wurden eingerissen und der so entstandene Raum wurde derart entworfen, daß ein großer rechteckiger Wohnraum und zwei Schlafzimmer hierin Platz finden. Über die gesamte Länge wurden an einer der Wände Schränke und Verkleidungen angebracht, um dahinter die Rohrleitungen zu verstecken. Auf diese Weise wurde das Platzangebot optimiert und in diesem klaren offenen Raum wurden nur wenig Möbel untergebracht. Zum offenen Eßbereich auf dem Flachdach des Gebäudes, welches doppelt so groß als die Loftoberfläche ist, gelangt man über eine Wendeltreppe.

The absence of visible furniture gives the spaces a homogeneous appearance, dominated by an emptiness in which decorative elements such as the branch sculpture in back or the chairs from Honduras assume complete visual prominence.

L'absence de mobilier visible donne à l'espace une apparence homogène, dominé par le vide et où les éléments décoratifs comptent avec toute l'importance visuelle, comme la sculpture faite de branches du fond ou les chaises d'Honduras.

Die Abwesenheit von sichtbarem Mobiliar verleiht den Bereichen ein homogenes Aussehen, welche von Leere bestimmt werden und wo Dekorationselemente den Blick auf sich ziehen wie z.B. hinten die Skulptur aus Ästen oder die Sessel aus Honduras.

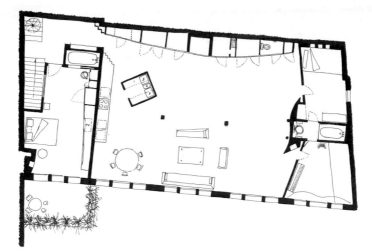

House of Crypton | CR STUDIO ARCHITECTS

LOCATION / LOCALISATION / LAGE

New York, United States

PHOTOGRAPHY / PHOTOGRAPHIE / FOTOGRAFIE

Peter Margonelli

www.crstudio.com

The uniqueness of this space lies in its display of the new fabric Crypton, an artificial fiber that is very resistant and difficult to stain. The home, located on the fourteenth floor of a large skyscraper, reveals the uses of this material in a domestic setting and explores the fiber's interaction with both natural and artificial light. The walls are conceived as surfaces that provide a neutral backdrop for experiments with the fabric, highlighting the results. In juxtaposition to the perimetral serenity, the architects selected and designed furniture of emphatic forms.

La particularité de cet espace est le fait de sa condition d'exposant d'un nouveau tissus nommé Crypton, une fibre artificielle très résistante et difficile à tacher. La résidence, située au 14ème étage d'un grand gratte-ciel, permet de découvrir l'usage domestique de ce matériel et explore sa relation avec la lumière, autant la naturelle comme l'artificielle. Les murs ont été conçus comme de grands rideaux neutres qui servent de fond pour expérimenter avec ce tissus et rehausser les résultats. En juxtaposition avec la tranquillité du périmètre, les architectes ont sélectionné des meubles aux formes imposantes.

Die Besonderheit besteht bei dieser Wohnung in der Anwendung eines neuen Gewebes, das Crypton heißt. Es handelt sich um ein sehr widerstandsfähiges und schmutzabweisendes Kunstgewebe. In der Residenz im 14. Stock eines Wolkenkratzers fällt dieses Material bei der Anwendung sowohl im häuslichen Bereich wie auch als Lichtelement bei Tages- oder künstlichem Licht auf. Die Wände wurden als Planebenen entworfen, die einen neutralen Hintergrund zur experimentellen Entwicklung mit diesem Gewebe ergeben und auf denen sich das entsprechende Resultat hervorhebt. In die Ausgeglichenheit der Räumlichkeiten wurden von den Architekten auffällige Formen für das Mobiliar ausgesucht und eingesetzt.

The application of Crypton ranges from use in all sorts of upholstery to being a constructive material in walls and ceilings. In the home, the decorative possibilities of this fiber are exemplified by the presentation of different colors and textures.

Le tissus Crypton a été appliqué autant dans des tapisseries en tout genre que comme matériel de construction après les murs et les plafonds. Les possibilités décoratives de cette fibre sont représentées dans cet appartement à travers des exemples de couleurs et de textures différentes.

Die Anwendung des Cryptongewebes reichen von der Polsterung bis hin als Baumaterial für Wände und Decken. In dieser Wohnung werden beispielhaft die dekorativen Möglichkeiten mit dieser Faser anhand von unterschiedlichen Farben und Texturen dargestellt.

The furniture is a blend of antique and modern pieces, some of which are custom-made, while others are adapted. Presentation of a coherent context that underscores the flexibility of the exposed fabric is of paramount importance.

Le mobilier est un mélange d'éléments anciens et modernes, dont certains ont été faits sur mesure et d'autres adaptés, mais toujours avec l'attention posée sur le fait de présenter un contexte cohérent afin de rehausser la flexibilité du tissu exposé.

Beim Mobiliar vermischen sich alte und moderne Stücke; einige sind maßgefertigt, andere wurden umgestaltet, immer derartig, daß sie einen koherenten Kontext zeigen, um die Flexibilität des angewandten Gewebes hervorzuheben.

Rock Around the Toilet | COEX

LOCATION / LOCALISATION / LAGE

Torino, Italia

PHOTOGRAPHY / PHOTOGRAPHIE / FOTOGRAFIE

Beppe Giardino

www.coex.it

The limited space of this apartment (38 m² or 125 sq. ft.) forced the architects to build an elevated wood volume that hangs from the ceiling and contains a bed, closet, and small space for a bookcase. In this way, it was possible to add a living room to a space that previously lacked one.

The bathroom is located in the center of the apartment. When the bathroom is not in use, its design allows it to become an isolated and independent block. The space may also take advantage of part of the living room when necessary. Two doors that close against the wall make such a transformation possible.

La petite taille de cet appartement (38 m²) a obligé les architectes à construire un volume surélevé en bois , qui, suspendu du plafond, comprend le lit, une armoire, et une petite librairie. De cet façon, un salon , qui n'existait pas auparavant, a pu être inclus dans le programme.

Une salle de bain a été créée au centre de l'appartement. Grâce à son design, celle-ci représente un block isolé lorsqu'elle n'est pas utilisée et devient un espace qui profite d'une partie du salon à certains moment. Deux portes qui se referment contre le mur permettent cette transformation.

Aufgrund des reduzierten Platzes in diesem Apartment (38 m²) entschieden sich die Architekten zur Konstruktion eines Holzpodiums, welches von der Decke abgehängt, dem Bett, einem Schrank und einer kleinen Bücherei Platz bietet. Auf diese Weise konnte ein Wohnzimmer geschaffen werden, welches zuvor nicht bestand.

In der Mitte der Wohnung befindet sich das Badezimmer. Es wurde so entworfen, daß es im Falle der Nichtnutzung ein völlig getrennter unabhängiger Block ist, aber auch zum gegebenen Moment in den Wohnbereich einbezogen werden kann. Zwei Türen, die gegen die Wand schließen, machen diese Verwandlung möglich.

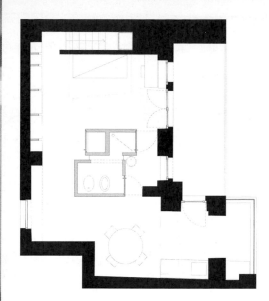

The apartment, located in a famous building in Turin from the fifties, has only one exterior façade. As a result of the transformation, maximum use can be made of windows no longer confined to the bathroom.

L'appartement, situé dans un immeuble réputé du Turin des années cinquante, dispose uniquement d'une façade extérieure. La transformation des toilettes permet de profiter au maximum des baies vitrées, qui n'arrivent pas tout à fait jusqu'à la salle de bain.

Die Wohung, gelegen in einem bekannten Gebäude Turins aus den 50iger Jahren, hat nur eine Außenfassade. Die Transformation des Bades erlaubt die maximale Nutzung der Fenster, die nicht nur für das Bad gelten.

Chairs designed by Vico Magistretti and pictorial works by the artist Luisa Albertini complete the environment created by Coex.

L'ambiance conçue par Coex est complétée par des chaises créées par Vico Magistretti et des tableaux de l'artiste Luisa Albertini.

Das Ambiente, das von Coex entworfen wurde, wird durch Stühle des Designers Vico Magistretti und piktorischer Arbeiten der Künstlerin Luisa Albertini vervollständigt.

Genoa Ave | FORM DESIGN ARCHITECTURE

This add-on apartment is on the roof of a 19th century building that once contained coach houses. Construction of the space took into consideration the manner of adaptation to the original setting given that the property formed part of the artistic patrimony of Westbury Estate. Rising among the treetops, the geometry of the design completes and resolves the complicated layout of the original house. The new gable roof provides enclosure to the study, living room, bathroom and terrace. Two skylights, lateral windows and a window giving way to the balcony allow light to reach all corners of the home.

La construction de cet espace, dont une partie a été rajoutée au dessus de la toiture d'un immeuble du XIX ème qui contenait un garage pour cochères, a fait très attention à l'environnement, car la propriété faisait partie du patrimoine artistique de Westbury Estate. Perché à la hauteur du sommet des arbres, la géométrie du projet complète et résout la complication du plan de la résidence d'origine. La nouvelle toiture à deux pentes sert d'obturation au studio, au salon à la salle de bain et à la terrasse. Deux oeil de bœuf, les fenêtres latérales et la baie vitrée qui donne sur le balcon permettent à la lumière d'atteindre tous les coins de l'aapartement.

Beim Bau dieses Wohnbereichs - als Aufbau auf dem Dach eines Gebäudes mit einer Kutschenremise aus dem 14. Jahrhundert - achtete man besonders auf die Anpassung an das Umfeld, zumal das Gebäude Teil des Kunsterbes von Westbury Estate ist. Die Geometrie dieses Bauprojektes, gelegen zwischen den Baumwipfeln in einem Gebäude mit kompliziertem Grundriss, wurde vorzüglich gelöst. Unter dem neu errichteten Giebeldach liegen das Studio, das Wohnzimmer, das Bad und die Terrasse. Durch zwei Dachfenster, Seitenfenster und die Glastür zum Balkon fällt Licht in sämtliche Wohnbereiche.

LOCATION / LOCALISATION / LAGE
Putney, United Kingdom

PHOTOGRAPHY / PHOTOGRAPHIE / FOTOGRAFIE
Mike Neale-Form Design Architecture, Richard Waite

www.form-architecture.co.uk

A glazed surface communicates between the interior and the balcony. This solution provides structural lightness and transparency. The access door consists of three collapsible units that allow maximum advantage to be taken of the space.

La superficie qui communique l'intérieur avec le balcon est en verre. C'est une solution qui donne de la légèreté et de la transparence à la structure. La porte d'accès est composée de trois unités pliables qui permettent de profiter l'espace au maximum.

Der Innenbereich, der die Verbindung zum Balkon herstellt, ist verglast. Diese Lösung verleiht der Struktur Leichtigkeit und Transparenz. Die Zugangstür besteht aus drei faltbaren Einheiten, so daß der Raum maximal genutzt werden kann.

The section of roof covering the balcony has a wood cover. The glass rail permits the enjoyment of floor-level panoramic views without leaving the space unprotected. Roller blinds regulate the entrance of light into the interior.

La partie de la toiture qui recouvre le balcon est revêtue de bois. La rampe s'escalier en verre permet d'obtenir une vue panoramique depuis le niveau du sol sans laisser l'espace sans protection. Des stores règlent l'entrée de clarté vers l'intérieur.

Der Teil des Daches, der sich über den Balkon zieht, ist mit Holz verkleidet. Die Glasbrüstung erlaubt Panoramablicke bereits aus Bodenhöhe, ohne allerdings den Bereich ungeschützt zu lassen. Einige Stores regulieren die Helligkeit im Innenbereich.

Dente Residence | GABELLINI ASSOCIATES

The two upper floor apartments of an officially declared historical building were combined to create this home. The apartment, some 190 m² (623 square ft.), has two terraces with views of the island of Manhattan and the Hudson River.

The design was conceived as a union of two volumes connected by a white marble spiral stairway. Marble is also used to cover the floor and emphasize the luminosity of the rooms. The design of each element of the house reflects the search for peace and tranquillity. The whiteness and texture of the marble give rise to serene environments.

Les deux mansardes d'un immeuble d'intérêt historique ont été unies pour réaliser le projet de cette résidence. L'appartement, d'à peu près 190 m², dispose de deux terrasses depuis lesquelles il est possible de voir l'île de Manhattan et la rivière Hudson.

Ce projet a été conçu comme l'union de deux volumes connectés par un escalier en forme de spirale en marbre blanc, matériel utilisé aussi pour revêtir le sol et qui apporte une grande clarté dans les pièces. La recherche de calme et de tranquillité est reflétée dans le design de tous les éléments de l'appartement. La palette de blancs favorise la création d'ambiances paisibles.

In einem zum historischen Interesse deklarierten Gebäudes wurden zwei Dachgeschosse für diese Residenz vereinigt. Das etwa 190 m² große Apartment verfügt über zwei Terrassen, von denen aus die Insel Manhattan und der Hudson-River zu sehen sind.

Der Entwurf sah die Vereinigung zweier Volumen vor, die sich anhand einer Wendeltreppe aus weißem Marmor verbinden. Dieses Material wurde auch als Fußbodenbelag verarbeitet und hebt die Helligkeit dieser Räume vor. Die Suche nach Ruhe und Ausgeglichenheit spiegelt sich im Design sämtlicher im Haus befindlichen Elemente wieder. Die Farbpalette der Weißtöne und die Textur des Marmor schaffen ein beruhigendes Ambiente.

LOCATION / LOCALISATION / LAGE

New York, United States

PHOTOGRAPHY / PHOTOGRAPHIE / FOTOGRAFIE

Paul Warchol

www.gabelliniassociates.com

Openly connecting the living room to the lower floor bedroom in the form of a floating ribbon, the stairs consist of a sequence of cascading marble platforms fixed by a unique steel rail.

Connectant ouvertement le salon avec la chambre à coucher de l'étage inférieur, l'escalier, créé comme une bande flottante, est composée d'un série de plateformes en marbre en forme de cascade soutenues uniquement par une rampe en acier.

Über die so leicht wirkende Treppe mit Marmorstufen und einmaligem Stahlgeländer, wird der Wohnraum mit dem Schlafraum im unteren Stock verbunden.

186 · Dente Residence

Light functions as a temporal design element that alters spaces. The white walls, ceilings and floors participate in giving prominence to the entrance of light and allow for the creation of a relaxing and enveloping atmosphere.

L'éclairage est contemplé comme un élément de design temporel qui modifie les espaces. La couleur blanche des murs, des plafonds, et du sol provoque que l'entrée de lumière soit la protagoniste et permet la création d'une atmosphère relaxante et enveloppante.

Das Licht wurde als temporäres Designelement betrachtet, das ständig den Anblick der Räumlichkeiten verändert. Weiße Wände, Zimmerdecken und Böden verleihen bereits Im Eingang Helligkeit und kreieren eine entspannende und heimelige Atmosphäre.

Emiko's Apartment | BROMLEY CALDARI ARCHITECTS

The fact that the apartment is a second residence partly influenced the design. The client, a Japanese businesswoman, needed a place to live during her stays in New York. Preference was given to the living room and bedroom, as these spaces would be utilized most. The living room contains broad windows and a large, elongated sofa designed to accommodate the maximum number of guests possible. A false panel before the sofa contains a complete home entertainment system with TV and DVD. The bedroom, accessed through a sliding door, communicates with a bathroom and the dressing room.

LOCATION / LOCALISATION / LAGE
New York, United States

PHOTOGRAPHY / PHOTOGRAPHIE / FOTOGRAFIE
José Luís Hausmann

www.bromleycaldari.com

Le design de cet appartement est marqué par sa condition de résidence secondaire. La cliente, une femme d'affaires japonaise, avait besoin d'un pied à terre durant ses voyages à New York. Le programme de ce fait devait insister sur l'importance du salon et de la chambre à coucher, puisque ce sont les espaces les plus utilisés. Le salon dispose de grandes baies vitrées et d'un grand canapé allongé destiné à accueillir un important nombre d'invités. En face, un faux panneau comprend la chaîne hi-fi complète et le vidéo avec TV et DVD. La chambre à coucher, à laquelle ont accède à travers une porte coulissante, communique avec une salle de bain et une garde-robe.

Dieses ehemals als Zweitwohnsitz genutzte Apartment hat seine ganz eigenes Design. Die Inhaberin, eine japanische Geschäftsfrau, benötigte einen Ort während ihrer Aufenthalte in New York. Aus diesem Anlass wurden dem Wohnraum und dem Schlafzimmer als meistgenutzte Räumlichkeiten der Vorrang gegeben. Das Wohnzimmer ist mit ausladenden Fenstern ausgestattet; ein großes langes Sofa ist dazu gedacht, der maximalen Anzahl von Gästen Platz zu bieten. Gegenüber befindet sich ein Blindpaneel, hinter dem sich die gesamte Musikanlage, Video mit TV und DVD befinden. Über eine Schiebetür gelangt man in das Schlafzimmer, das mit dem Bad und dem Ankleidezimmer verbunden ist.

The sofa is custom made with a wood structure and is upholstered in gray velvet. The pillows are of Thai silk and the coffee table is a combination of transparent glass tabletop and stained steel base.

Le canapé, créé sur mesure, a une structure en bois tapissée avec du velours gris. Les coussins sont en soie thaïlandaise et la table centrale combine un dessus en verre transparent avec une base en acier teinté.

Das nach Maß gefertigte Sofa hat eine Holzstruktur und ist mit grauem Samtvelour bezogen. Die Kissen sind aus thailändischer Seide und beim Sofatisch wird ein transparente Glasplatte mit einem gebeiztem Stahlfuß kombiniert.

Ash-wood shelves allow for the optimization of bedroom space. Silk curtains designed by the architects hide the shelves when desired, thus creating a more intimate atmosphere.

Des étagères élaborées en bois de frêne permettent de profiter de l'espace dans la chambre à coucher. Afin de les occulter quand cela est nécessaire, les architectes ont créé des rideaux en soie qui provoquent une ambiance plus intime.

Im Schlafzimmer schaffen einige Regale aus Esche mehr Ablagemöglichkeit. Um diese im gegebenen Moment zu verdecken, wurden von den Architekten Seidengardinen entworfen, die ein intimeres Ambiente schaffen.

Vivienda Bruc 59 | AV62 ARQUITECTOS

The remodeling of this apartment located in the Eixample neighborhood of Barcelona focused on the distribution of space between the clients' living area and office. More space was designated to communal areas than to bedrooms as the space's layout affords each family member a private zone in addition to the bedroom. Two pivoting doors separate the living area from the office area and the bedrooms from the living room-dining room zone. In this latter room, an up-and-over door acts as a dividing panel, isolating the living room from the dining room when left open.

LOCATION / LOCALISATION / LAGE

Barcelona, España

PHOTOGRAPHY / PHOTOGRAPHIE / FOTOGRAFIE

Eugeni Pons

www.av62arquitectos.com

Le réforme de cet appartement du quartier de l'Eixample barcelonais est centrée sur la répartition de l'espace entre résidence et studio des clients. Les pièces communes ont une superficie supérieure à celle des chambres à coucher car les grandes dimensions du plan permettent à chaque membre de la famille de pouvoir profiter d'un coin privé en dehors de sa propre chambre. Deux portes pivotantes séparent la partie destinée au domicile, de celle du studio et les chambres à coucher, du salon- salle à manger. Dans cette dernière, une porte basculante sert à son tour de panneau de séparation et permet d'isoler le salon de la salle à manger lorsqu'elle est ouverte.

Die Reformierung dieser Wohnung im Eixample von Barcelona bedeutete die Raumverteilung zwischen der Wohnung und dem Studio. Hierbei wurde größerer Wert auf mehr Platz für die Wohnbereiche als für die Schlafzimmer gelegt, denn die Größe dieser Wohnung reicht aus, um jedem Familienmitglied einen eigenen privaten Aufenthaltsbereich zu schaffen als nur die eigenen Zimmer. Zwei Drehtüren trennen den Wohnbereich vom Studio und die Schlafzimmer vom Wohn-Eßraum. In diesem Bereich kann eine Klapptür, wenn sie offen steht, auch als Trennwand zwischen dem Wohnzimmer und dem Eßraum genutzt werden.

The back panel
displays a Charles
Rennie Mackintosh
text. The wall
supporting the table is
a three-panel mobile
system that may be
adjusted to various
apertures to interact
with the kitchen.

Le panneau du fond
reproduit un texte de
Charles Rennie
Mackintosh. Le mur où
est appuyée la table est
un système composé
de trois panneaux
amovibles qui
permettent plusieurs
degrés d'ouverture afin
d'agir en commun avec
la cuisine.

Auf dem hinteren
Wandpaneel sind Texte
von Charles Rennie
Mackintosh
reproduziert. Die Wand
an dem Tisch ist ein
System aus drei
beweglichen
graduierbaren
Paneelen, die sich zur
Küche hin öffnen.

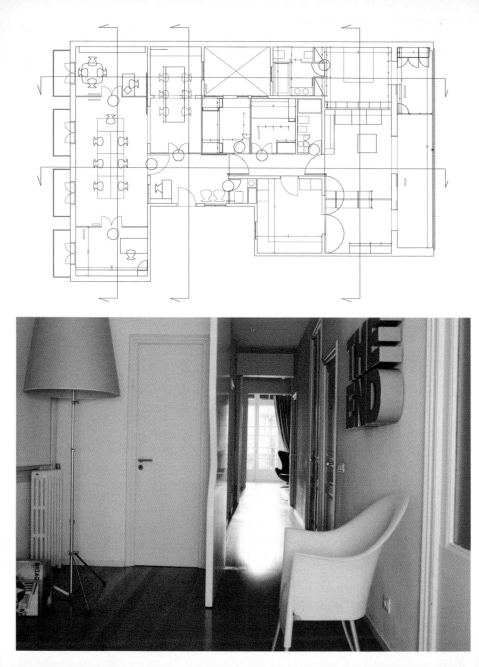

Given the poor state of the original surfaces, beech parquet flooring was laid in all zones except the bathrooms. In the kitchen the earth tones of the parquet combine with gray-and-orange walls and the furniture.

Un parquet en bois de hêtre a été installé sur tous les sols excepté dans les salles de bain, à cause du mauvais état du pavement original. Dans la cuisine, les tons couleur terre de ce revêtement combinent avec la couleur orange et grise des murs et du mobilier.

Da sich die Originalfußböden zuvor in einem schlechten Zustand befanden, wurde – außer in den Badezimmern - Buchenholzparkett verlegt. In der Küche passen die Erdtöne dieses Bodenbelags gut zu den Orange- und Grautönen der Wände und des Mobiliars.

Appartement modulable | GUILHEM ROUSTAN

This home situated in a thirty-story building constructed in 1968, responded to the functional and lighting demands of the period. There were certain inconveniences, however, that the occupants wanted to resolve in adapting the space to their needs and fitting it out with new uses. The solution was to install two sliding dividers that permit modifying the spaciousness of the kitchen, living room, study and the bedroom. The multiple transformations are carried out simply due to the fact that each space is designed on top of a small surface that increases as the surface of the adjacent space is reduced.

LOCATION / LOCALISATION / LAGE

Paris, France

PHOTOGRAPHY / PHOTOGRAPHIE / FOTOGRAFIE

Daniel Moulinet

guilhem.roustan@free.fr

Cette résidence, située dans un immeuble de 30 étages construit en 1968, correspondait aux besoins de fonctionnalité et d'illumination de l'époque, mais il y avait toute une série d'inconvénients que les locataires voulaient résoudre afin de réajuster l'espace selon leurs nécessités et l'adapter à son nouvel usage. La solution a résidé dans l'installation de deux divisions coulissantes qui permettent de modifier l'ampleur de la cuisine, du salon, du studio et de la chambre à coucher. Afin de pouvoir réaliser toutes ces multiples transformations d'une forme simple, chacun de ces espaces a été construit sur une superficie minimum qui grandit à mesure que diminue celle d'à coté.

Diese Wohnung in einem 30stöckigen Gebäude, das 1968 erbaut wurde, entsprach den damaligen Ansprüchen an Funktionalität und Illumination und bedeutete für die Bewohner jetzt aber eine Reihe von Nachteilen bei der Anpassung an ihre Notwendigkeiten und Umgestaltung für neue Zwecke. Die Lösung bestand in der Errichtung von zwei beweglichen Trennungen, durch die das Ausmaß von Küche, Wohnzimmer, Studio und das Schlafzimmer verändert werden konnten. Um die Vielzahl der Veränderungen in einfacher Form durchführen zu können, wurden diese Bereiche mit einer minimalen Oberfläche entworfen, die aber wachsen können, wenn man den Nachbarbereich einschränkt.

The majority of the renovation is structurally hidden. Only what is essential is visible to the eye. The position of the dividers permits the entrance of more light into the back of the apartment. It also leaves open the possibility of returning to the spatial arrangement of the original layout.

La plus part des nouveautés sont cachées derrière des structures, et de ce fait uniquement l'essentiel est visible. La position des divisions permet l'entrée d'une plus grande quantité de lumière dans la partie arrière de l'appartement, et il est aussi possible de revenir à la distribution du plan original.

Großteil der Veränderungen versteckt sich hinter Einbauten, so daß nur Essenzielles gezeigt wird. Je nach Stand der Trennwände ist ein Lichteinfall bis in den hinteren Teil des Apartments möglich; außerdem kann jederzeit der Originalzustand der Raumverteilung wieder hergestellt werden.

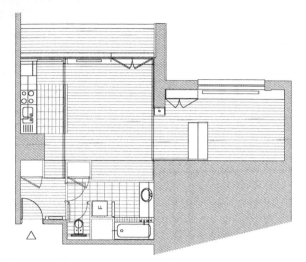

Light places the beauty and simplicity of the materials employed in relief. Examples of this are the greased and unvarnished wooden floorboards and the untreated slate in the bathroom. The continuity of the floor coverings helps to enlarge the rooms.

La lumière met en relief la beauté et la simplicité des matériaux employés. L'estrade en bois graissée n'a pas été vernie, et de l'ardoise sans traitement a été utilisée dans la salle de bain. La continuité des revêtements donnent aux pièces l'impression d'être plus grandes.

Das Licht hebt die Schönheit und Schlichtheit der angewandten Materialien hervor. Die geölten Holzdielen sind nicht versiegelt und im Bad wurde unbehandelter Schiefer angewendet. Die durchgehenden Verkleidungen helfen, die Räumlichkeiten größer wirken zu lassen.

White Apartment | ARTHUR COLLIN

This apartment occupies the upper half of a semi-detached house that was rebuilt in the seventies. The interior was remodeled to obtain continuity between the different areas and improve the entrance of light. The furniture design uses three tones of white, giving personality to the home. The irregularity of closet doors, drawers and shutters, which lack handles and open thanks to small slots, also endows the home with personality. This solution enriches both the geometry and texture of the resulting surfaces.

LOCATION / LOCALISATION / LAGE
London, United Kingdom

PHOTOGRAPHY / PHOTOGRAPHIE / FOTOGRAFIE
Richard Glover

www.arthurcollin.com

Cet appartement occupe la moitié supérieure d'une maison adossée qui fut reconstruite dans les années soixante-dix . L'intérieur a été réformé dans l'objectif d'obtenir une continuité entre les différentes zones et permettre une plus grande pénétration de lumière. Dans le design du mobilier, les trois tons de blanc qui ont été utilisés sont devenus un des éléments les plus personnels de cet appartement, ainsi que la disposition irrégulière des portes d'armoires, tiroirs, et volets qui n'ont pas de poignets et s'ouvrent grâce à des petites fentes. Cette solution enrichi la géométrie et les textures des superficies résultantes.

Dieses Apartment liegt in der oberen Hälfte eines Reihenhauses aus den 60iger Jahren. Sein Interieur wurde renoviert, um eine Kontinuität zwischen den unterschiedlichen Wohnbereichen sowie einen größeren Lichteinfall zu erreichen. Beim Möbeldesign wurden drei verschiedene Weißtöne angewandt, die dieser Wohnung Persönlichkeit verleihen, wie auch die unregelmäßige Disposition von Schranktüren, Schubläden und Fensterläden. Sie alle haben keine Griffe und können dank kleiner Schlitze geöffnet werden - eine Lösung, die Geometrie und Texturen der sich daraus ergebenen Oberflächen besonders bereichert.

The living room floor is walnut wood. The furniture and accessories are an eclectic mix of contemporary pieces, classical 20th century objects, and antiques.

Le sol du salon est en bois de noyer. Les meubles et les accessoires sont un mélange éclectique de pièces contemporaines, d'objets classiques du XX ème siècle et d'antiquités.

Der Fußboden des Wohnzimmers ist aus Nussbaumholz. Möbel und Dekorationsteile ergeben eine Mischung kontemporärer und klassischer Objekte des 20. Jahrhunderts sowie Antiquitäten.

The bookcase consists of thirteen different-size boxes, painted in three tones of white. The boxes climb two floors and stand in for a handrail or banister.

La librairie, composée de treize boites de tailles différentes et peintes de trois tons de blanc montent sur deux étages et remplace ainsi la balustrade et la rampe d'escalier.

Das in drei Weißtönen lackierte Bücherregal besteht aus dreizehn Fächern unterschiedlicher Maße und ist zwei Stockwerke hoch, wobei es das Geländer und Griffstange ersetzt.

The kitchen counter is a stainless steel, L-shaped piece that includes the sink. The lateral work zone is of black polished slate. The top of the detachable breakfast table is made of recycled plastic detergent bottles.

Le plan de cuisine est un élément en forme de L en acier inoxydable avec évier inclus. La zone de travail latérale est en ardoise noire polie. La table à déjeuner, qui se démonte, possède une planche élaborée en plastic de bouteilles de détergent recyclées.

Küchenanrichte in L-Form aus Edelstahl mit eingebautem Waschbecken. Die seitliche Arbeitsplatte ist aus puliertem Schiefer. Der klappbare Frühstückstisch hat eine Platte bestehend aus recycelten Spülmittelflaschen aus Plastik.

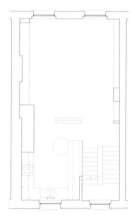

Bath Invaders | COEX

The third floor of a 19th century building accommodates this 60 m² (197-sq. ft.) apartment designed for a young bachelor that keeps late hours. The plan, which focuses on the back and darkest part of the home, includes the installation of two partitions –one of movable wood, the other glass– that create a corridor running directly from the entrance to the bedroom, passing the rest of the rooms along the way. This solution allows for conservation of intimacy in the different areas of the home. In the case of the bathroom, this permits the amplification of useful space when the movable partition, behind which the bathroom is situated, is moved around to infringe on the corridor.

Au troisième étage d'un immeuble du XIXème siècle se trouve un appartement de 60 m² créé pour un jeune homme célibataire qui aime vivre la nuit. Le programme, centré sur la partie arrière et la plus sombre de la résidence, inclus l'installation de deux divisions –l'une en bois et amovible,l'autre en verre– créant ainsi un couloir qui conduit directement de la porte d'entrée à la chambre à coucher tout en passant à travers les différentes pièces. Cette solution permet de conserver l'intimité entre les différentes zones, et, dans le cas des toilettes, d'augmenter l'espace utile lorsque la division amovible derrière laquelle elles se trouvent, se déplace et envahit le couloir.

Im dritten Stock dieses Hauses aus dem 19. Jahrhundert liegt das 60 m² große Apartment eines jungen Singles, der das Nachtleben liebt. Im hinteren, dem dunkelsten Teil der Wohnung, wurden zwei bewegliche Trennelemente aus Holz und Glas installiert. Sie ergeben einen Flur, der durch die Wohnung verläuft und direkt auf die Schlafzimmertür trifft. Mit dieser Lösung wird die Intimität der unterschiedlichen Wohnbereiche erhalten. Im Falle des Badezimmers kann dessen Nutzfläche erweitert werden, indem das dahinterliegende mobile Element in den Flur verschoben wird.

LOCATION / LOCALISATION / LAGE

Torino, Italia

PHOTOGRAPHY / PHOTOGRAPHIE / FOTOGRAFIE

Beppe Giardino

www.coex.it

The high functional density concentrated in such a narrow space allows the living room and kitchen to benefit from more space, maximum enjoyment of views, and the entrance of natural light.

L'importante densité de fonctions concentrées dans un lieu si étroit donne la possibilité au salon et à la cuisine de l'appartement de disposer de plus d'espace et de profiter au maximum de la vue et de la lumière qui provient de l'extérieur.

Die hohe Konzentration von Funktionen auf kleinstem Raum ermöglichen im Wohnraum und Küche des Apartments ein größeres Platzangebot, maximal die Aussicht zu genießen und den Lichteinfall von draußen.

The bathroom enlargement was conceived as a way to take advantage of the light that filters in through the glass surface. The small library that accommodates this partition is also accessible from the bathroom.

L'agrandissement de la salle de bain a été conçu de façon à profiter au maximum de la lumière filtrée à travers la baie vitrée. Il est alors possible d'accéder à la petite bibliothèque située dans cette division à partir des toilettes.

Die Erweiterung des Bades ist dazu gedacht, so weit wie möglich das einfallende Licht durch die gläserne Oberfläche zu nutzen. Die kleine Bibliothek, die ebenso in diesem Element Platz findet, kann dann auch vom Bad aus erreicht werden.

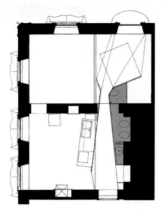
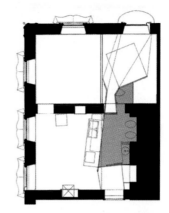

Loft urbano | ÀLEX SERRA

The design of this four-story home places special emphasis on minimizing the coldness of the original space without sacrificing the masculine and modern touch that the client, a young bachelor, wanted to transmit. In this regard, gray and brown tones were employed and the loft's brick walls were left exposed. The entrance of natural light was a key factor in the project. Large windows in the living room and loft assure the passage of light into all rooms through the open communication of the different levels. Accessed by way of the living room, the terrace also serves as a summer dining room.

LOCATION / LOCALISATION / LAGE
Barcelona, España

PHOTOGRAPHY / PHOTOGRAPHIE / FOTOGRAFIE
José Luís Hausmann

Un des points important au moment de concevoir cet appartement de quatre étages était le fait d'éviter la froideur de l'ambiance originale sans perdre pour autant l'aspect masculin et moderne que le client, une jeune homme célibataire, voulait transmettre. C'est pour cela que les tons utilisés ont été les gris et les marrons et les murs en brique apparente ont été conservés. L'entrée de lumière a été définitive dans la réalisation du projet. Les grandes baies vitrées du salon et de l'étage surélevé assurent l'entrée de lumière dans toutes les pièces à travers la communication ouverte entre les différents étages. La terrasse, à laquelle ont accède à travers le salon, sert aussi si de salle à manger d'été.

Beim Entwurf dieser 4 Etagen-Wohnung eines jungen Singles wurde nachdrücklich darauf Wert gelegt, dem Ganzen Kühle zu nehmen, ohne dabei den maskulinen und modernen Touch zu eliminieren. Aus diesem Grund wurden Grau- und Brauntöne verwand und die unbearbeiteten Loftmauern wurden beibehalten. Der Lichteinfall war bestimmend bei der Durchführung dieses Projektes. Große Fensterfronten im Wohnzimmer und im eingezogenen Zwischengeschoß sichern Helligkeit in sämtlichen Wohnbereichen über die gesamten offenen Etagen. Die Terrasse, zu der man durch den Wohnbereich gelangt, gilt gleichzeitig als Eßplatz im Freien.

Àlex Serra used stained
beech in the design of
much of the loft's furniture
(dining room table, large
bench, a low furniture
piece, stairs to the
bedroom). The coffee table
is a Jean Nouvel design.

Àlex Serra a utilisé du bois
de hêtre tinté dans le
design de la plupart des
meubles de ce loft comme
la table à manger, le banc,
le meuble bas ou l'escalier
qui conduit à la chambre à
coucher. La table du salon
est une création de Jean
Nouvel.

Àlex Serra verwandte für
viele Möbelstücke dieses
Lofts getöntes Buchenholz
– als Eßtisch, Sitzbank,
Unterbau oder für die
Treppe, die zum
Schlafzimmer führt.

The terrace has a bathing area with a small open-air swimming pool of blue mosaic tile. The aluminum and plastic furniture is part of the Na Xamena de Gandía Blasco series. The palm tree functions as a natural pergola.

La terrasse possède une zone de bain avec une petite piscine en plein air en gressite bleu. Le mobilier, en aluminium et plastique, appartient à la série Na Xamena de Gandía Blasco. Le palmier sert de pergola naturelle.

Auf der Terrasse wurde ein Badebereich mit einem kleinen Swimmingpool aus blauem Mosaik eingerichtet. Die Möbel aus Aluminium und Plastik stammen aus der Serie Na Xamena von Gandía Blasco. Die Palme dient als natürlicher Sonnenschirm.

Gillet/Klinkowstein Residence | ELMSLIE OSLER

Media consultant Tom Klinkowstein and fashion designer Elizabeth Gillet wanted their home to reflect the nature of their respective interests. As such, it was necessary to resolve the juxtaposition of two very different sensibilities that required their own space. This objective was achieved through materials that combine austerity and gentleness and are used as instruments to unveil natural light. Light entering the home crosses a series of translucent glass layers and a sheer screen that vary the grade of its opacity, giving rise to a multitude of different atmospheres.

LOCATION / LOCALISATION / LAGE

New York, United States

PHOTOGRAPHY / PHOTOGRAPHIE / FOTOGRAFIE

John Hall, Gregory Goode

www.eoarch.com

Tom Klinkowstein est un consultant de médias et Elizabeth Gillet travaille comme créatrice de mode. Le résidence de ce couple devait refléter la nature de leur intérêts respectifs. Il fallait résoudre la juxtaposition de deux types de sensibilités très différents qui requéraient leur propre espace. Cet objectif a été atteint à travers les matériaux, en combinant dureté et douceur, et en les utilisant aussi pour découvrir la lumière. La clarté qui pénètre dans l'intérieur de l'appartement à travers des couches successives de verre translucide et des écrans en maille qui varient leur degré d'intensité afin de créer une grande variation d'atmosphères.

Tom Klinkowstein ist Medienberater und Elizabeth Gillet arbeitet als Modedesignerin. Die Residenz dieser beiden sollte ihre jeweiligen Interessen widerspiegeln. Jeder dieser so gegensätzlichen Persönlichkeiten reklamierten ihren ganz eigenen Platz, wofür eine Lösung gefunden werden mußte. Dieses Ziel wurde durch die Anwendung von Materialien erreicht, die Strenge und Sanftheit miteinander kombinieren und die auch als Instrument zur Nutzung des Lichts verwand wurden. Die Helligkeit, die in die Wohnung fällt, nimmt ihren Verlauf durch durchscheinendes Glas und Gewebenetze, die die Opazität graduieren und somit unendliche Atmosphären schaffen.

The clients were looking for simplicity in the finishing. They thus asked the architect to rule out all elements not absolutely necessary. This resulted in a design for the complex that has a certain minimalist character to it.

Les clients recherchaient la simplicité dans les finitions et ont demandé à l'architecte d'éliminer tous les éléments qui n'étaient pas absolument nécessaires. Cette décision préalable a provoqué cet air minimaliste que présente l'ensemble.

Die Wohnungsinhaber erwarteten absolute Schlichtheit in den Ausführungen und verzichteten auf alle überflüssigen Elemente. Diese Premisse führte zu einem nahezu minimalistischen Design des gesamten Ensembles.

The glass layers are rigid, but the transparent grade of the glass is flexible. The sheer surfaces are woven with ductile plastic, while their density and tri-dimensional plaiting grant them considerable solidity.

Le verre de différentes couches est rigide mais son degré de transparence est flexible. Les surfaces en maille sont tissées avec un plastique malléable bien que sa densité et son tressage tridimensionnel les rendent très consistantes.

Die Glasschichten sind rigide aber ihr Transparenzgrad ist flexibel. Die Gewebeoberflächen bestehen aus dehnbarem Plastik, obwohl seine Dichte und dreidimensionales Geflecht sehr konsistent sind.

244 · Gillet/Klinkowstein Residence

Leenardh Apartment | CLAESSON KOIVISTO RUNE

LOCATION / LOCALISATION / LAGE

Stockholm, Sverige

PHOTOGRAPHY / PHOTOGRAPHIE / FOTOGRAFIE

Patrik Engquist

www.scandinaviandesign.com/
claesson-koivisto-rune

The limited space of this apartment (33.5 m² or 30 sq. ft.) demanded unusual methods be adopted to meet the functional requirements of each room. The client, a businessman, wanted an efficiently organized home with an area dedicated to meditation and contemplation. The best alternative was to fit out the only room as bedroom, dining room, study and kitchen. A bathroom and balcony round out the program. The need for space and the desire to create a serene and minimalist environment demanded ruling out any furnishing element that was not absolutely necessary.

Des solutions peu habituelles ont été adoptées afin de résoudre la fonction-nalité des différentes pièces dérivé du manque d'espace −33'5 m² unique-ment− de cet appartement. Le client, un homme d'affaires, voulait une rési-dence bien organisée avec une zone pour méditer et pour se consacrer à la contemplation. Le meilleure solution était d'habiliter l'unique pièce comme chambre à coucher, salle à manger, studio et cuisine. Le programme est complété par une salle de bain et un balcon. Le besoin d'espace et la volon-té de créer une ambiance sereine et minimaliste a provoqué le manque to-tal de tout objet non indispensable.

Die geringe Fläche dieses Apartment −nur 33'5 m²− verlangte ungewöhnli-che Lösungen, um die funktionellen Bedingungen jedes Bereiches festle-gen zu können. Der Auftraggeber, ein Geschäftsmann, verlangte eine klare Anordnung mit einem beschaulichen Bereich zur Meditation. Die beste Lö-sung war, den einzigen Raum als Schlafzimmer, Eßzimmer, Studio und Küche einzurichten. Ein Badezimmer und ein Balkon kamen noch dazu. Der Platzbedarf und die Absicht, ein angenehmes minimalistisches Ambiente zu schaffen, ergaben eine Einrichtung mit dem nur absolut notwendigen Mobiliar.

All the furniture is the design of the architects except the Zig-Zag chairs by Thomas Rietveld and the tables by Donald Judd. The balcony pieces are teakwood, while the interior ones are made from birch.

Tout le mobilier est une création des architectes excepté les chaises Zig Zag de Gerrit Thomas Rietveld et les tables de Donald Judd. Les éléments du balcon sont en bois de teke. À l'intérieur, en bois de bouleau.

Sämtliches Mobiliar wurde von den Architekten entworfen, außer den Stühlen Zig-Zag von Gerrit Thomas Rietveld und den Tischen von Donald Judd. Die Terrassenmöbel sind aus Teakholz. Innen wurde Birkenholz verarbeitet.

In one of the walls, a small opening gives way to the bathroom. The bed, a Japanese futon, is very practical as it also can be used as a sofa.

Une petite ouverture a été réalisée dans un des murs de la pièce qui la sépare de la salle de bain. Le lit, un futon japonais très pratique, sert à la fois de canapé.

In einer der Wände des Zimmers wurde eine kleine Öffnung eingelassen, die zum Badezimmer führt. Das japanische Futonbett ist äußerst praktisch, denn es kann auch als Sofa genutzt werden.

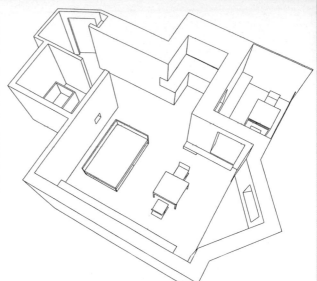

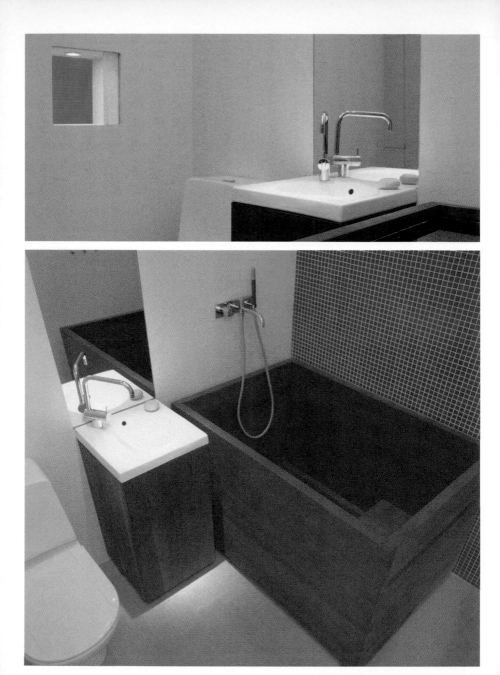

Dúplex en Sabadell | ESTUDI D'ARQUITECTURA F8

Architect Eva Morral's work was focused on the upper floor of this duplex located in the urban district of Sabadell. The space, an open-layout room with a bathroom and two terraces, was fitted out to contain a bedroom with a bathroom, a dressing room and a study. In order not to interrupt the entrance of light, a piece of furniture was installed whose glass upper section isolates the bedroom from the study acoustically but not visually. The other dividing element is a large sliding Formica and glass panel.

Given the limited functionality of the terrace closest to the bedroom, the space was covered with large skylights and converted into a dressing room.

LOCATION / LOCALISATION / LAGE
Sabadell, Barcelona, España

PHOTOGRAPHY / PHOTOGRAPHIE / FOTOGRAFIE
Eugeni Pons

Le travail de l'architecte Eva Morral était centré sur l'étage supérieur de ce duplex du quartier ancien de Sabadell. L'espace, une pièce diaphane avec toilettes et deux terrasses, devait comprendre une chambre à coucher avec salle de bain, une garde-robe et un studio. L'installation d'un meuble, dont la partie supérieure en verre peu isoler la chambre à coucher acoustiquement mais pas visuellement, est due au fait d' éviter d'empêcher l'entrée de la lumière. L'autre élément de séparation est un grand panneau coulissant en verre et formica.

Le manque de fonctionnalité de la terrasse la plus proche de la chambre à coucher, a provoqué la décision de la recouvrir moyennant de grandes lucarnes et la convertir en garde-robe.

Die Architektin Eva Morral konzentrierte sich bei diesem Duplex im Stadtzentrum von Sabadell auf die obere Wohnetage. Dieser Bereich, ein weitläufiger Raum mit Bad und zwei Terrassen sollte in ein Schlafzimmer mit Bad, Ankleideraum und ein Studio umgebaut werden. Damit das von draußen einfallende Tageslicht ungehindert einfällt, wurde ein Möbel installiert, dessen oberes Abschlußband aus Glas besteht, um das Schlafzimmer vom Studio akustisch aber nicht visuell zu isolieren. Ein weiteres Trennelement ist ein Formikapaneel mit Glas.

Die geringe Funktionalität der dem Schlafzimmer am nächsten liegenden Terrasse löste man in der Form, daß diese verglast wurde und nun als Ankleidezimmer genutzt wird.

Access to the bedroom from the dressing room is granted by a piece of furniture with lateral shelves and drawers. In the center of the piece there is an acid-etched frosted glass door that permits the passage of natural light.

L'accès à la chambre à coucher depuis la garde-robe est réalisée à travers un meuble avec des étagères et des tiroirs latéraux qui, dans la partie centrale, incorpore une porte en verre gravée à l'acide, qui permet l'entrée de lumière naturelle.

Der Zugang zum Schlafzimmer vom Ankleideraum erfolgt durch ein Einbaumöbel mit Fächern und seitlichen Schubläden. In dessen Mitte ist eine Tür aus geätztem Glas eingebaut, die das TagesLicht durchläßt.

The bedroom design is austere. A singular, longitudinal element delicately separated from the floor and in the form of the letter "L" functions as both headboard and night table. A base slides over this to support the bed.

La chambre à coucher a été réalisée avec une certaine austérité. Un élément longitudinal unique, légèrement séparé du sol et en forme de "L", sert de tête de lit et de table de nuit à la fois. Au-dessus de celui-ci se déplace une base qui supporte le lit.

Das Schlafzimmer wurde sehr nüchtern gehalten. Ein einziges Längstelement, das leicht über dem Fußboden liegt und in L-Form verläuft, fungiert als Kopfteil des Bettes und als Nachttisch. Darauf befindet sich eine Auflage, auf der sich das Bett befindet.

Meyer Loft | MICHAEL R. DAVIS

The client, an executive at an important investment bank, needed a space in which both crowded gatherings and intimate dinners could be held. The architect's solution was to create an enormous open area in which the living room, dining room, kitchen, a bookcase and a pair of billiard tables shared space. Furniture and closets alone subdivide this room and act as independent volumes. The remaining 400 m² (1312 sq. ft.) are divided among three bedrooms and two bathrooms. 230 m² (754 sq. ft.) of roof space are used to fit out a terrace, accessed by passing through the inside of a tower.

LOCATION / LOCALISATION / LAGE

New York, United States

PHOTOGRAPHY / PHOTOGRAPHIE / FOTOGRAFIE

Michael R. Davis, Architects

www.michaeldavisarchitects.com

Le client, un directeur d'une importante banque d'investissements, voulait un espace où organiser autant des réunions pleines d'invités comme des dîners intimes. La solution de l'architecte a été de créer une énorme pièce diaphane où le salon, la salle à manger, la cuisine, la librairie, et une salle de billard partagent l'espace. Les seuls éléments qui divisent cette pièce sont les meubles et les armoires, qui agissent comme des volumes indépendants. Le restant des 400 m² de ce loft ont été destinés à trois chambres à coucher et à deux salles de bain. Les 230 m² de toiture ont été profités pour y loger une terrasse, à laquelle il est possible d'accéder à travers l'intérieur d'une tour.

Der Auftraggeber dieser Wohnung, ein Leiter einer bedeutenden Investitionsbank, benötigte Platz für große Meetings wie auch für intime Essen. Die Lösung des Architekten bestand im Entwurf eines weitläufigen Saals, in dem sich Salon, Eßzimmer, Bücherei und einige Billardtische den Platz teilen. Einzige Trennelemente, die diesen Raum aufteilen, sind Möbel und Schränke, die sich als unabhängige Volumen darstellen. In den restlichen 400 m² dieses Lofts liegen drei Schlafzimmer und zwei Bäder. Außerdem wurden 230 m² des Flachdaches als Terrasse habilitiert, zu der man durch einen Turmdurchgang gelangt.

The space's high ceilings, exposed pipe and tubes and the
brick walls conserve the industrial "feel" of the past. The
maple floor covering is also original.

Les toits si hauts, les tuyaux et canalisations visibles et les
murs en brique permettent à l'espace de conserver l'air
industriel du passé. Le bois d'érable qui recouvre le sol est
aussi d'origine.

Hohe Zimmerdecken, offenliegende Rohre und Leitungen
tragen dazu bei, daß dieser Raum den Charmeseiner
industriellen Vergangenheit beibehält. Ebenso original ist
der Bodenbelag aus Ahornholz.

The closets have steel front panels stained blue and are of colored oak, at play with the frames of the restored windows. The shelves are fir.

Les armoires ont des panneaux frontons en acier teint en bleu et sont en bois de chêne tinté qui vont ensemble avec les encadrements des fenêtres restaurées. Les étagères sont en bois de sapin.

Bei den Schränken sind die vorderen Türpaneele aus blaugefärbtem Stahl und der Rest aus eingefärbtem Eichenholz passend zu den restaurierten Fensterrahmen. Die Regale sind aus Tannenholz.

A steel-and-maple spiral staircase communicates between the living room and the terrace. To get to the exterior, passage is made through the interior of a neoclassical tower located in one of the corners of the building.

Un escalier en colimaçon en acier et en bois d'érable communique le salon avec la terrasse. Pour sortir à l'extérieur, il faut traverser l'intérieur d'une tour de style néoclassique située dans un des angles de l'immeuble.

Eine Wendeltreppe aus Stahl und Ahornholz verbindet den Salon mit der Terrasse. Um nach draußen zu gelangen, führt der Weg durch einen Durchgang eines Turms im neoklassischem Stil, der sich über eine der Hausecken erhebt.

Ziggurat 8.2 | FORM DESIGN ARCHITECTURE

LOCATION / LOCALISATION / LAGE
London, United Kingdom

PHOTOGRAPHY / PHOTOGRAPHIE / FOTOGRAFIE
Mike Neale-Form Design Arch., Jeremy Lingard-Form Design Arch.

www.form-architecture.co.uk

The transformation of this 200 m², top-floor loft in Clerkenwell was heavily influenced by the complicated spatial configuration of the original space, a printer's shop from the 1930's. This difficulty, however, turned out to be a boon when it came to designing the home. For it permitted the creation of a fluid series of relaxing and innovative spaces defined by function, volume and appearance. The layout is essentially open. A loft containing a bedroom with a bathroom and the access to the terrace was built over the central wing of the space.

La transformation effectuée par ce loft, un appartement de 200 m² situé au dernier étage d'un immeuble du quartier de Clerkenwell, a été influencée par la configuration si compliquée de l'espace original, une imprimerie des années trente. Malgré tout, cette difficulté s'est transformée en un élément positif dans le design de cette résidence, puisque elle a permit la création de toute une série d'espaces reposants et originaux définis par leur fonction, leur volume et leur aspect. La distribution est essentiellement ouverte. Un niveau surélevé a été construit au dessus de l'aile centrale du plan, où a été située une chambre à coucher avec salle de bain et accès à la terrasse.

Der Umbau dieses Loft, eine 200 m² große Dachgeschosswohnung im Viertel von Clerkenwell gelegen, wurde insbesondere durch die komplizierten einstmaligen Raumverhältnisse beeinflußt. Es handelte sich hierbei um eine Druckerei aus den 30iger Jahren. Diese Schwierigkeit stellte sich zum Zeitpunkt des Wohnungsentwurfes dann doch als positiv heraus, denn es wurden eine Reihe von angenehmen und innovativen Bereiche entsprechend ihrer Funktion, Volumen und Aussehen geschaffen. Die Raumverteilung ist grundsätzlich offen. Über dem Zentralflügel des Stockwerks wurde eine Zwischenebene eingezogen auf der das Schlafzimmer mit Bad und der Zugang zur Dachterrasse liegen.

Windows situated in the north,
east and west façades provide
ample light throughout the day. The
loft's formal and ordered
appearance is underscored by the
use of the color white for the walls,
ceilings and furniture.

Les fenêtres de la façade nord,
est et ouest fournissent une
lumière abondante durant toute la
journée. L'apparence sérieuse et
ordonnée de ce loft est accentué
par l'utilisation continuelle de la
couleur blanche dans les plafonds,
les murs et les meubles.

Durch die Fenster auf der Nord-,
Ost- und Westseite fällt immer
ausreichend Licht. Der formelle
und klare Eindruck des Lofts wird
durch die durchgehende
Anwendung der Farbe Weiß bei
Wänden, Decken und Möbeln
erreicht.

The double level of the master room is compensated by more enclosed rooms situated below the loft: the dining room, living room and kitchen. The spaces' linear geometry and the curved profile of part of the ceiling accentuate the view of the horizon from these areas.

La double hauteur du salon principal est compensée par les pièces plus fermées situées en dessous du niveau surélevé : la salle à manger, le salon, et la cuisine. La vue sur l'horizon depuis ces espaces est accentuée par sa géométrie linéale et par le profil courbé d'une partie du plafond.

Die doppelte Zimmerhöhe des Hauptsalons wird durch die abgeschlosseneren Zimmer unter der Zwischendecke wie Eßzimmer, Wohnzimmer und Küche kompensiert. Der Blick auf den Horizont aus diesen Zimmern wird durch ihre Lineargeometrie und die gebogene Kontur eines Deckenteils akzentuiert.

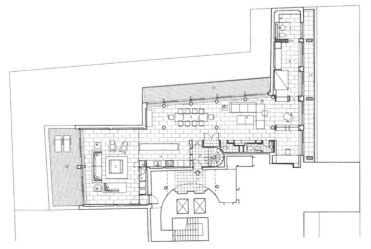

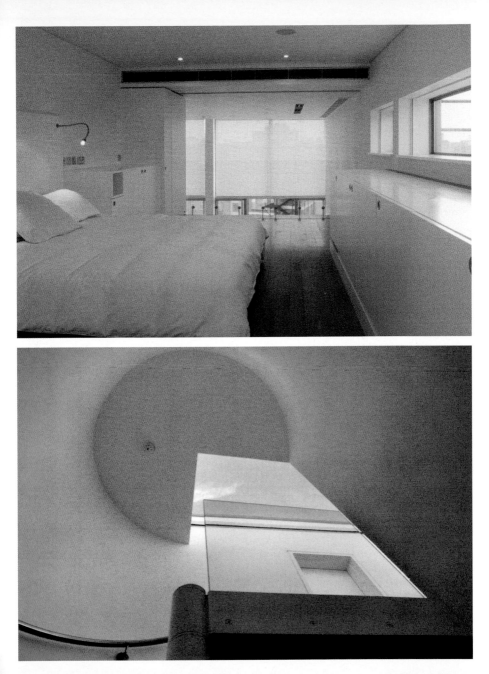

Atelier Place de la Nation | GUILHEM ROUSTAN

LOCATION / LOCALISATION / LAGE

Paris, France

PHOTOGRAPHY / PHOTOGRAPHIE / FOTOGRAFIE

Patrick Muller

guilhem.roustan@free.fr

The volume, openings and external structure of the building in which this loft is situated were not to be altered. Therefore, the most important factor in the conversion of the former workshop into a home was determining the distribution of each design element with respect to the characteristics of the space. The bedrooms were placed on the ground floor, which is accessed directly from the street. The first floor contains the "day" rooms: the kitchen, dining room, living room and library. The entrance of overhead light on the top floor determined the rather unusual arrangment, impossible if not for the minimal amount of street traffic.

Le plus important au moment de renouveler cet ancien atelier afin de le reconvertir en résidence, a été le choix de la distribution de chacun des éléments du programme en fonction des caractéristiques de l'espace, puisque le volume, les ouvertures et la structure externes n'allaient pas êtres altérés. À l'étage de dessous, auquel ont accède directement par la rue, ont été situées les chambres à coucher. Le premier étage comprend les pièces "de jour" comme la cuisine, la salle à manger, le salon, et la bibliothèque. Cette distribution peu commune vient déterminée par l'entrée de lumière zénithale de l'étage supérieur et par le peu de circulation présente dans la rue.

Das Wichtigste war zum Zeitpunkt der Renovierung dieser ehemaligen Werkstatt zur Umgestaltung in eine Wohnung, von vornherein die Verteilung der Wohnbereiche festzulegen, da das Volumen, Wandöffnungen und die Außenstruktur des Gebäudes unangetastet blieben. In die unteren Etage, in die man direkt von der Straße gelangt, wurden die Schlafzimmer gelegt. Im ersten Stock liegen die "Tageszimmer" wie Küche, Eßzimmer, Salon und Bibliothek. Diese etwas ungewöhnliche Raumverteilung war durch den Lichteinfall im ersten Stock bedingt und konnte aufgrund des geringen Straßenverkehrs im Erdgeschoss vorgenommen werden.

A narrow longitudinal cleft in the first floor surface directs natural light from this level to the storage room on the ground floor. A concrete shelf along the wall protects the cleavage.

Une fente longitudinale étroite dans le sol du premier étage conduit la lumière naturelle depuis ce niveau jusqu'au débarras de l'étage de dessous. Une étagère en béton tout au long du mur protège la fente.

Eine schmale längliche Vertiefung im Fußboden des ersten Stockwerkes leitet von hier das natürliche Licht bis hin in den Abstellraum in der unteren Etage. Ein Regal aus Beton entlang der Wand schützt diese Öffnung.

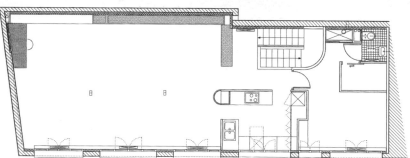

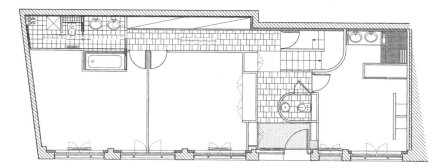

The top floor has an open layout and contains the kitchen, living room, dining room, office and library. These rooms are arranged around furniture in union with the spatial architecture.

L'étage supérieur a un plan ouvert et est composé par une cuisine, un salon, une salle à manger, un studio et une bibliothèque. Ces pièces sont ordonnées autour de meubles intégrés à l'architecture de l'espace.

Die obere Etage ist offen und es befinden sich dort Küche, Salon, Eßzimmer, Studio und Bibliothek. Diese Räume sind um Möbel angeordnet, die in die Raumarchitektur integriert wurden.

Heart Shaped Box | COEX

The client wanted the apartment to be a meeting place without having to sacrifice its intimate arrangement. The architects proposed organizing a few spaces in such a way that they would have both a private and communal use. The home, located on the first floor of an early 19th century building, consists of three vaulted rooms without a kitchen or bathroom. These latter rooms are arranged in a unique volume situated in the heart of the existing space. The structure intersects with internal walls, but never reaches the exterior ones, such that the remainder of the space is able to benefit from the entrance of natural light.

LOCATION / LOCALISATION / LAGE

Torino, Italia

PHOTOGRAPHY / PHOTOGRAPHIE / FOTOGRAFIE

Stefano Videtta

www.coex.it

Le client voulait que son appartement soit un lieu de réunions sans pour autant perdre l'intimité. La proposition faite par les architectes consistait à organiser quelques espaces de manière à pouvoir leur donner un usage autant particulier comme collectif.
La résidence, le premier étage d'un immeuble du début du XIXème siècle, est composée par trois chambres à coucher voûtées mais n'avait ni cuisine ni salle de bain. Une fois rassemblées, ces pièces forment un volume qui est le cœur du plan existant. La structure intercède entre les murs internes mais n'arrive jamais à toucher ceux de la partie extérieure de façon à permettre à la lumière naturelle d'envahir la totalité de l'espace.

Der Kunde wollte, daß sein Apartment zu einem Treffpunkt wird, aber ohne dabei seine eigene intime Parzelle aufzugeben. Vorschlag der Architekten war, einige Räume so zu organisieren, daß sie sowohl einzeln aber auch gemeinschaftlich zu nützen sind.
Die Wohnung liegt im ersten Stock eines Gebäudes aus den Anfängen des 19. Jahrhunderts und besteht aus drei gewölbten Räumen, hat allerdings weder Küche noch Bad. Diese Räume wurden zu einem einzigen neuen Raum, der nun im Herzen des bestehenden Grundrißes liegt. Die Struktur schneidet sich mit den Innenwänden, trifft aber niemals auf die Außenwände, so daß der Rest des Raums völlig im Tageslicht liegt.

The peninsula in the kitchen permits use from both sides of the work surface. It is designed in such a way that when folded down it converts into a table.

Le plan de travail de la cuisine est une presqu'île qui permet un usage collectif de chacun de ses côtés. Il a été créée de façon à pouvoir se plier vers le bas et se transformer en table.

Die Arbeitsplatte der Küche kann von beiden Seiten genutzt werden. Sie wurde so entworfen, daß sie sich in einen Tisch verwandelt wenn man sie nach unten klappt.

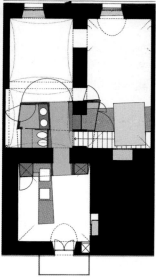

The bathroom may be divided into three independent units (toilet, sink, shower) in the event that it needs to be used by more than one person simultaneously.

La salle de bain peut être divisée en trois unités indépendantes (sanitaire, lavabos, et douche) afin de pouvoir être utilisées par plusieurs personnes à la fois.

Das Badezimmer kann, für den Fall, daß es von mehr als einer Person genützt wird, in drei unabhängige Einheiten verwandelt werden (Toilette, Waschbecken und Dusche).

Casa Lanzo-Ruggeri | UdA (UFFICIO DI ARCHITETTURA)

The clients, a young professional couple with careers in the automotive and high fashion industry, wanted an extremely organized apartment that optimized the 90 m² (295 sq. ft.) of this two-story loft. With this in mind, the architects totally remodeled the home, replacing the wooden roof and part of a brick supporting wall with a metal and double-laminated glass structure. The final arrangement allows the living room and kitchen to enjoy light entering the space through a large skylight set in the inclined roof surface.

Le désir des clients, un jeune couple de professionnels du secteur automobile et de la haute couture , était d'obtenir un appartement extrêmement organisé afin de profiter au maximum l'espace de 90 m² de ce loft sur deux étages. Dans ce but, les architectes ont renouvelé complètement l'appartement et ont remplacé le toit en bois et une partie du mur principal en brique par une structure en métal et verre à double feuille. La distribution finale permet que le salon et la cuisine puissent profiter de la clarté fournie par une grande lucarne située dans la partie inclinée du toit.

Der Wunsch dieses jungen Paares, das in der Automobilindustrie und in der Haute Couture beschäftigt ist, war ein äußerst streng organisiertes Apartment, um die 90 m² Fläche über zwei Etagen dieses Lofts optimal nutzen zu können. Hierzu wurde die Wohnung komplett renoviert, wobei die Holzdecke und Teil der tragenden Backsteinwand durch eine Metallstruktur und laminiertes Doppelglas ersetzt wurde. Die endgültige Distribution erreichte, daß in das Wohnzimmer und die Küche Licht durch ein großes Dachfenster in der Dachschräge fällt.

LOCATION / LOCALISATION / LAGE

Torino, Italia

PHOTOGRAPHY / PHOTOGRAPHIE / FOTOGRAFIE

Emilio Conti

www.uda.it

The aperture grade of the living room skylight is controlled by an electronic system. The skylight's considerable width and its orientation permit views of the Palazzo Carignano and the Mole, two of the most prominent buildings in the city of Turin.

Le degré d'ouverture de la lucarne du salon est contrôlé par un système électronique. Sa grande ampleur permet de voir le Palais Carignano et la Mole, deux des édifices les plus connus de Turin.

Die Öffnungsweiten des Oberlichtes im Wohnzimmer wird über ein elektronisches System geregelt. Die Größe und die Ausrichtung dieses Fensters erlaubt den Ausblick auf den Palazzo Carignano und La Mole, zwei der hervorstechensten Gebäude der Stadt Turin.

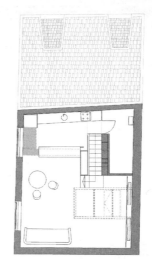

Visually, stairs with projecting steps seem to form part of the large piece of wall furniture. The apparent lightness of the complex is further conveyed by the use of glass in the last flight of stairs, allowing the passage of natural light to the lower floor.

Visuellement, l'escalier, avec ses marches suspendues en l'air, semble faire partie d'un grand meuble mural. L'apparente légèreté de l'ensemble est complétée par l'usage du verre dans le dernier échelon de l'escalier, afin de laisser pénétrer la lumière naturelle vers l'étage inférieur.

Rein visuell scheint die Treppe mit ihren freitragenden Stufen Teil eines großen Wandmöbles zu sein. Die augenscheinliche Leichtigkeit des Ensembles wird durch den Einbau von Glas im letzten Treppenabsatz vervollständigt, so daß das Tageslicht auch in die untere Etage gelangt.

Apartment in Miami | JORGE RANGEL

This home is situated in a large apartment building in South Beach. Its 350 m² (1148 sq. ft.) are distributed among a living room, a guest bathroom, two bedrooms with bathroom, a kitchen and a terrace fitted out as an open-air dining room. Passage from the exterior to the interior is granted through sliding glass doors that communicate between the living room and bedrooms and the terrace. Given the perspective, a strategically placed mirror reflects different views of the city of Miami as if it were a painting in motion or a frameless window.

LOCATION / LOCALISATION / LAGE
Miami, United States

PHOTOGRAPHY / PHOTOGRAPHIE / FOTOGRAFIE
José Luís Hausmann

Cette résidence se trouve dans un grand immeuble d'appartements à South Beach. Il a une superficie de 350 m² répartis entre le salon, les toilettes, deux chambres à coucher avec salle de bain, la cuisine et une terrasse convertie en salle à manger en plein air. C'est à travers des portes coulissantes en verre qui communiquent le salon et les chambres à coucher avec la terrasse que l'ont passe de l'intérieur à l'extérieur. Le jeu est complété par un miroir placé de façon stratégique oú s'y reflétent différentes vues sur la ville de Miami dépendant de la perspective, comme s'il s'agissait d'un tableau en mouvement ou d'une fenêtre sans encadrement.

Diese Wohnung liegt in einem großen Apartmenthaus von South Beach. Sie hat eine Fläche von 350 m² verteilt auf Wohnzimmer, Gästetoilette, zwei Schlafzimmer mit Bad, Küche und eine Terrasse als Eßecke im Freien. Der Zugang von außen nach innen erfolgt durch verglaste Schiebetüren, die das Wohnzimmer mit den Schlafzimmer und der Terrasse verbinden. Hierbei vermittelt ein strategisch angebrachter Spiegel unterschiedliche Aussichten auf die Stadt Miami, je nach Perspektive mal als eine Art bewegliches Bild oder aber als Fenster ohne Rahmen,

The false ceiling in the kitchen functions as a large lamp. It is an aluminum structure with translucent metacrylate panels that hide the fluorescent white tubes.

Le faux plafond de la cuisine fonctionne comme une grande lampe. C'est une structure en aluminium avec des panneaux en méthacrylate translucides qui cachent des tubes blancs fluorescents.

Eine zusätzlich eingezogene Zimmerdecke in der Küche übernimmt die Funktion der Beleuchtung. Es handelt sich hierbei um eine Aluminiumstruktur und durchscheinenden Schirmen aus Methacrylat hinter denen sich die weißen Leuchtröhren verstecken.

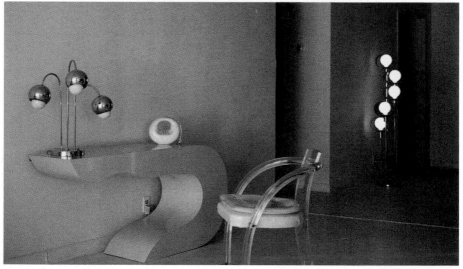

The color white floods the home and combines with silver tones and transparent materials. Some of the furniture and decorative objects are pieces from the 1960's acquired at flea markets and street fairs.

La couleur blanche inonde la résidence et combine avec des tons argentés et des matériaux transparents. Certains meubles et objets décoratifs sont des pièces des années soixante obtenues dans des marchés aux puces.

In dieser Wohnung herrscht die Farbe Weiß vor, welche mit Silbertönen und transparenten Materialien kombiniert wird. Bei einigen Möbeln und Dekorationsstücken handelt es sich um Teile aus den 60iger Jahren, die auf Flohmärkten erstanden wurden.

Jeray House | WORKS ARCHITECTURE

Marylebone is one of the most elegant residential zones in central London. Its Georgian homes pay tribute to more than two hundred years of history and conserve the grandeur of past times. This apartment occupies the first floor of one of these homes. The project involved converting a once magnificent 60 m² (197 sq. ft.) living room into a modern functional home. The preservation of high ceilings accents the strength of the space and natural light. A kitchen was built and a dressing room installed beside the bedroom. The combination of disperse color and wood floors enhances the ensemble.

LOCATION / LOCALISATION / LAGE

London, United Kingdom

PHOTOGRAPHY / PHOTOGRAPHIE / FOTOGRAFIE

Jordi Miralles

www.worksarchitecture.com

Marylebone est une des zones résidentielles les plus élégantes du centre de Londres. Ces maisons géorgiennes rendent hommage à une histoire de plus de deux cent ans et conservent la grandeur du temps passé. Cet appartement est au premier étage d'une de ces maisons. Sa rénovation a obligé à la reconversion d'un magnifique salon de 60 m² en une résidence moderne et fonctionnelle. La conservation des hauts plafonds a permis d'accentuer la force de l'espace et de la lumière. Une cuisine a été construite ainsi qu'une garde-robe à coté de la chambre à coucher. L'usage dispersé de la couleur et le sol en bois se sont unis afin de rehausser l'ensemble.

Marylebone ist eines der elegantesten Wohngebiete im Londoner Zentrum. Die Häuser im georgianischem Stil spiegeln eine mehr als 200 Jahre alte Geschichte wieder und haben ihre Bedeutung aus vergangenen Zeiten beibehalten. Dieses Apartment liegt im ersten Stock eines dieser Gebäude. Seine Renovierung bedeutete die Umwandlung des 60 m² großen herrlichen Salons in eine moderne und funktionelle Wohnung. Die Beibehaltung der hohen Decken akzentuiert die Aussage des Raums und des Lichtes. Es wurde eine Küche eingebaut und neben dem Schlafzimmer wurde ein großes Ankleidezimmer eingerichtet. Unterschiedliche Farbetöne und Holzfußböden wurden untereinander abgestimmt, um das Ensemble hervorzuheben.

The main room has a rectangular shape and divides its space between the living room, dining room and kitchen. Its open layout permits fluid dialogue between the different functional zones.

La pièce principale est un plan rectangulaire dont l'espace est réparti entre le salon, la salle à manger et la cuisine. Sa distribution ouverte permet un dialogue fluide entre les différentes zones fonctionnelles.

Die Wohnfläche ist von rechteckiger Anordnung und verteilt sich auf Wohnzimmer, Eßraum und Küche. Seine Distribution ergibt einen einzigen übersichtlichen Raum, dessen unterschiedlichen funktionellen Bereiche untereinander verbunden sind.

Nordström Apartment | CLAESSON KOIVISTO RUNE

The client, an Economics professor, bought an apartment building in an isolated but central neighborhood of Estocolmo with views of the port. Two floors of the early 20th century neoclassic-style building were designated for the client's private residence with access to an adjacent garden. The architects eliminated most of the walls raised over the years but conserved the original floors and windows, which were carefully restored. An intricately designed stairwell communicates between the two levels.

LOCATION / LOCALISATION / LAGE
Djurgärden, Stockholm, Sverige

PHOTOGRAPHY / PHOTOGRAPHIE / FOTOGRAFIE
Äke E:son Lindman

www.scandinaviandesign.com
/claesson-koivisto-rune

Le client, un professeur d'économie, avait acheté un immeuble d'appartements avec vue sur le port de la ville dans un quartier solitaire de Stockholm. Deux des étages de la propriété, une construction du début du XX ème siècle de style néoclassique, avec accès à un jardin privé adjacent, ont été consacrés à sa résidence privée. Les architectes ont éliminé la plupart des murs construits au fil des années mais ont conservé le sol et les fenêtres d'origine qui ont été restaurés avec précaution. Les deux étages communiquent entre eux à travers un creux d'escalier au design scabreux.

Der Auftraggeber, ein Professor für Volkswirtschaft, kaufte dieses Apartmenthaus mit Hafenblick in einem ruhigen aber doch zentral gelegenen Stadtteil Stockholms. Zwei der Etagen dieses Gebäudes im neoklassischem Stil aus dem beginnenden 19. Jahrhundert, die auch Zugang zu einem anliegendem Garten hatten, behielt er zur privaten Nutzung. Die Architekten eliminierten Großteil der im Laufe der Jahre errichteten Mauern, erhielten aber die originalen Fußböden und Fenster, die liebevoll restauriert wurden. Ein verschlungenes Treppenhaus führt zu beiden Etagen.

All of the wood used by the architects in the furniture design is oak, including that used for the floors.

Le chêne est le bois utilisé par les architectes dans l'élaboration du mobilier. Les sols ont aussi été recouverts avec le même matériel.

Sämtliches von den Architekten entworfenes Mobiliar ist aus Eiche. Auch bei den Fußböden wurde dieses Material verarbeitet.

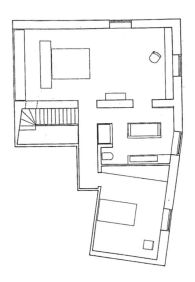

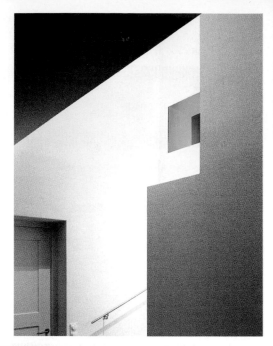

In an upper floor bathroom, the tub is elevated above floor-level so that views of the port of Estocolmo may be enjoyed through the window when the bath is in use. It is a design of the architects for Boffi, Italia.

À l'étage supérieur, la baignoire de la salle de bain est surélevée par rapport au sol afin de permettre aux personnes qui l'utilise de profiter de la vue sur le port de Stockholm à travers la fenêtre. C'est une création des architectes pour Boffi, Italie.

Im Badezimmer der oberen Etage wurde die Badewanne in einer Höhe eingebaut, sodaß man von ihr aus durch das Fenster den Ausblick auf den Hafen von Stockholm genießen kann. Es handelt sich hierbei um das Design von Boffi, Italien.

Casa Valente | UdA (UFFICIO DI ARCHITETTURA)

LOCATION / LOCALISATION / LAGE

Torino, Italia

PHOTOGRAPHY / PHOTOGRAPHIE / FOTOGRAFIE

Emilio Conti

www.uda.it

This apartment occupies the first floor of a three-level building built in the 1950s with a large garden around back. The project was undertaken with the necessity of including two bedrooms with bathrooms and dressing rooms in mind.
The living room is located in the center of the space and acts as a meeting point between the bedrooms and the kitchen. The architects worked with warm materials to create an inviting atmosphere. The design follows the principles of Minimalism at its functional extreme. The accumulation of objects visible to the eye is strictly avoided.

Cet appartement occupe le premier niveau d'un immeuble sur trois étages construit dans les années cinquante et dispose d'un grand jardin dans la partie postérieure. La distribution a été conçue dans le besoin d'inclure deux chambres à coucher avec salles de bain et une garde-robe. Le salon, situé au centre du plan, joue le rôle de point de rencontre entre les chambres et la cuisine.
Les architectes ont travaillé avec des matériaux chaleureux afin de créer une ambiance confortable. Le design de l'espace a suivi les coordonnées du minimalisme le plus fonctionnel. C'est pour cela que l'accumulation d'objets a été évitée.

Dieses Apartment liegt in der ersten Etage eines dreistöckigen Gebäudes aus den 50iger Jahren und hat im hinteren Teil einen großen Garten. Bei der Distribution wurde auf die Notwendigkeit geachtet, daß noch zwei Schlafzimmer mit Bad und ein Ankleideraum dazu kamen. Das zentralliegende Wohnzimmer gilt als Treffpunkt zwischen den Schlafzimmern und der Küche. Die Architekten verarbeiteten angenehme Materialien, um ein gemütliches Ambiente zu schaffen. Das Design der Wohnbereiche verfolgt eine minimalistische funktionelle Linie. Aus diesem Grund wurde auf eine Anhäufung sichtbarer Dekorationsstücke verzichtet.

The wood floors and furniture were treated with oils to preserve a more natural appearance.

Les meubles et les sols ont été traités avec de l'huile afin de conserver leur apparence naturelle.

Das Holz der Fußböden und der Möbel wurde nur mit Öl behandelt, um dessen natürlichen Aspekt beizubehalten.

Translucent glass doors with thin steel frames extend to the ceiling. Their role is to permit light to reach less illuminated spaces during the day and to diffuse artificial light at night.

Les portes en verre translucide ont des encadrements fins en acier et arrivent jusqu'au plafond. Leur rôle est de laisser passer la clarté vers les espaces les moins illuminés durant la journée et tamiser la lumière artificielle le soir.

Durchscheinende Glastüren mit schmalen Stahlrahmen reichen bis an die Decke. Tagsüber bringen sie Helligkeit in die dunkeleren Bereiche und nachts dämpfen sie das Lampenlicht.

In the kitchen, walls camouflage part of the furnishings. This effect was achieved by painting some of the wood panels reaching from the floor to the ceiling white. The result is an amplification of space.

Dans la cuisine, une partie du mobilier est cachée par les murs. Cet effet a été obtenu en peignant en blanc certains panneaux en bois qui vont du sol au plafond dans l'objectif d'agrandir l'espace.

In der Küche tarnt sich Teil des Mobiliars vor den Wänden. Dieser Effekt wurde dadurch erreicht, daß einige bis an die Raumdecke reichende Holzplatten weiß gestrichen wurden. Auf diese Weise wird der Raum optisch vergrößert.

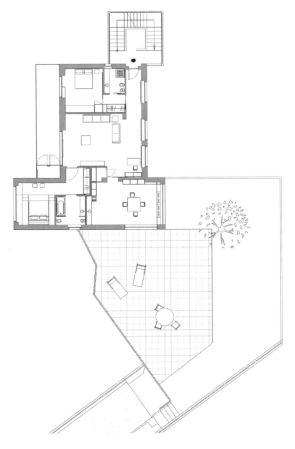

Loft Mafalda | NATALIA GÓMEZ ANGELATS

This home located on the ground floor of a building from the 1960's has an 80 m² (262 sq. ft.) rectangular layout with an airshaft. As the lateral walls lack openings, the arrangement of the rooms gives prominence to the broad window in one of the extremes of the rectilinear space and the access to the airshaft-patio. The kitchen is located next to the airshaft. The kitchen countertop extends to the exterior and converts into a table. A stone-covered chimney serves as the sole dividing element in the loft, separating the bedroom from the living room without obstructing the passage of light.

LOCATION / LOCALISATION / LAGE
Barcelona, España

PHOTOGRAPHY / PHOTOGRAPHIE / FOTOGRAFIE
José Luís Hausmann

Cette résidence, située au rez-de-chaussée d'un immeuble des années soixante, est composée d'un plan rectangulaire de 80 m² et d'une cour intérieure. Le manque d'ouvertures dans les murs latéraux accorde à la grande baie vitrée située dans un des extrêmes du rectangle et à l'accès à la cour intérieure, toute l'importance dans la distribution des pièces. La cuisine est située à coté de la cour pour ainsi pouvoir prolonger le plan de travail jusqu'à l'extérieur et le convertir en une table. Le seul élément de séparation entre la chambre à coucher et le salon est constitué par une cheminée revêtue de pierre qui n'interrompe pas l'entrée de la lumière.

Bei dieser Wohnung handelt es sich um eine Parterre in einem Gebäude der 60iger Jahre. Sie hat einen rechteckiger Grundriß von 80m² mit einem Innenhof. Da sich an den seitlichen Außenwänden keine Fenster befanden, wurde am Kopfende dieser Etage ein großes Fenster eingebaut und der Zugang zum Innenhof gewann bei der Aufteilung der Bereiche an Bedeutung. Die Küche wurde an der Hofseite eingerichtet. Die Arbeitsplatte der Küche reicht hinaus bis in diesen Hof, wo sie sich zum Eßtisch verwandelt. Als einziges Trennelement zwischen dem Schlafbereich und dem Wohnbereich wurde ein mit Steinen verblendeter Kamin eingebaut, der aber nicht den Lichteinfall beeinträchtigt.

The furniture is custom-made by interior designer Natalia Gómez. The design flirts with the combination of colors such as olive-green, graphite and deep violet. All ground surfaces are covered with oak floorboards.

Les meubles ont été faits sur mesure par la décoratrice Natalia Gomez. Elle a joué avec la combinaison de couleurs comme le vert olive, le gris graffite, et le violet foncé. Le pavement de toute la superficie est une estrade en chêne.

Die Möbel nach Maß stammen von der Innenausstatterin Natalia Gómez. Beim Design wurden die Farben Olivgrün, Graffitgrau und Dunkelviolet miteinander kombiniert. Der Fußboden des Lofts wurde mit Eichenholzplatten ausgelegt.

The kitchen countertop is also the summer dining room table on the patio. Three staggered, pine platforms were designed as structural supports for the piece and to resolve the unevenness between the interior and exterior space.

Le plan de travail de la cuisine sert de table à manger d'été dans la cour et comprend trois plateformes échelonnées en bois de pin traité afin de supporter la structure du mobilier et éviter le dénivellement entre l'intérieur et l'extérieur.

Im Sommer wird die Küchenarbeitsplatte zum Eßtisch im Hof. Hier wurden drei stufenförmige Plattformen aus behandeltem Pinienholz als Tragestruktur des Mobiliars eingerichet, aber auch um den Höhenunterschied zwischen der Wohnung und der Terrasse auszugleichen.

Loft Paris | PHILIPPE DEMOUGEOT

The architect was hired to transform a wallpaper store into a luminous and inviting loft. The former boutique's three hundred square meters (984 sq. ft.) are distributed between a ground floor and a large cellar. The main obstacle was how to channel natural light to the subterranean level. With this objective in mind, 60 m² were eliminated from the ground level and a large double-level window was installed in the area giving way to the patio. From the street, a 12-meter long façade provides sufficient light to illuminate the rooms situated in the front of the house: the entrance, storage room, kitchen and bedrooms.

LOCATION / LOCALISATION / LAGE

Paris, France

PHOTOGRAPHY / PHOTOGRAPHIE / FOTOGRAFIE

Daniel Moulinet

demougeotp@wanadoo.fr

L'architecte devait se charger de transformer une boutique de papiers peints en un loft lumineux et accueillent. La boutique faisait 300 m² répartis entre le rez-de-chaussée et le sous-sol. Le principal problème était de faire arriver la lumière naturelle à l'étage inférieur. Dans ce but, 60 m² de sol de l'étage supérieur ont été supprimés et remplacés à leur tour par une immense baie vitrée de double hauteur qui donne sur la cour. Une façade de 12 mètres de long apporte de la rue la clarté nécessaire à toutes les pièces situées sur la partie de devant du domicile : l'entrée, le débarras, la cuisine et les chambres à coucher.

Hier hatte der Architekt die Aufgabe, dieses ehemalige Tapetengeschäft in einen hellen und gemütlichen Loft zu verwandeln. Die seinerzeit 300 m² große Ladenfläche verteilte sich auf das Erdgeschoss und ein großes Souterrain. Das Hauptproblem bestand darin, Tageslicht in den Kellerbereich zu bekommen. Hierzu wurden mehr als 60 m² der Decke zwischen beiden Etagen geöffnet und eine riesige Doppelglasfläche im Bereich zum Innenhof eingelassen. Eine 12 m lange Fassadenfront zur Straße bietet im vorderen Wohnteil ausreichend Helligkeit in den Bereichen wie Eingang, Abstellraum, Küche und Schlafzimmer.

In the master bedroom, partitions of steel and reinforced glass preserve the intimacy of the space without interrupting the passage of natural light. A partition that does not reach the ceiling is the only element separating the bedroom from the bathroom.

Les divisions de la chambre à coucher principale sont en acier et en verre blindé afin de préserver l'intimité de l'espace sans interrompre l'entrée de lumière naturelle. Une cloison qui n'atteint pas le plafond est l'unique élément qui sépare la chambre à coucher de la salle de bain.

Die Zwischenwände im Hauptschlafzimmer bestehen aus Stahl und Drahtglas, um in diesem Bereich die Intimität beizubehalten, ohne aber dabei den Lichteinfall zu verhindern. Eine Wandfläche, die nicht bis an die Decke reicht, ist das einzige Trennelement zwischen diesem Zimmer und dem Bad.

The large living room in the cellar benefits from the void left by the opening made in the ground floor. The volume was fitted out with a narrow corridor next to the back wall as the site for a bookcase.

Le grand salon du sous-sol profite de l'ouverture réalisée à l'étage supérieur où a été situé un couloir étroit contre le mur du fond pour y placer la bibliothèque.

Ein großer Salon im Souterrain nutzt die belassene Öffnung, die durch den Aufbruch im Boden des Erdgeschosses entstand. Darin wurde ein schmaler Gang an der hinteren Wand erschlossen, um dort die Bibliothek unterzubringen.

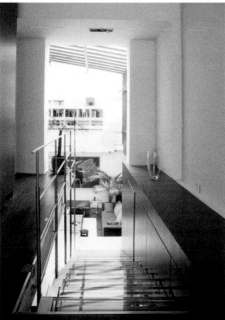

Musilek Apartment | LEDDY MAYTUM STACY ARCHITECTS

The client, a photographer, wanted a small apartment in the same building as his commercial studio, located in an old paint factory on Potrero Hill. With the aim of having the living space apart from the work zone, the back part of the roof was enlarged and fitted out with a loft in its curved section to contain the service areas (bathroom, kitchen and storage space). The main rooms of the home have broad windows with skyline views that flood the space with light. A balcony and back terrace round out the program.

Le client, un photographe, désirait un petit appartement dans le même immeuble où se trouvait son studio commercial, une ancienne usine de peintures à Potrero Hill. Dans l'objectif de construire un domicile séparé de la zone de travail, un agrandissement de l'espace dans la partie arrière du toit a été réalisée, et un niveau surélevé a été installé dans la partie courbée de la toiture afin d'y loger les zones de service (salle de bain, cuisine et rangement). Les pièces principales du domicile disposent de grandes baies vitrées avec vues sur le « skyline » de la ville et inondent l'espace de lumière. Un balcon et une terrasse dans la partie arrière complètent le programme.

Wunsch des Fotografen war es, im selben Gebäude – einer ehemaligen Farbenfabrik in Potrero Hill – wo sich sein Fotostudio befindet, ein kleines eigenes Apartment zu haben. Für das Ziel, eine Wohnung getrennt vom Arbeitsbereich zu errichten, fand ein Ausbau des hinteren Dachteils statt und ein Zwischengeschoß wurde auf Höhe der Dachneige für Bad, Küche und Abstellraum errichtet. Die Hauptwohnbereiche verfügen über ausgedehnte Fenster mit Blick über die Skyline der Stadt, die die Wohnung mit ausreichend Licht versorgen. Ein Balkon und eine Terrasse auf der Rückseite vervollständigen das Programm.

LOCATION / LOCALISATION / LAGE
San Francisco, United States

PHOTOGRAPHY / PHOTOGRAPHIE / FOTOGRAFIE
Stan Musilek, Sharon Reisdorph

www.lmsarch.com

In contrast to the monochromatic metal exterior covering, the materials used in the interior range from maple for floors and furniture to glass and stainless steel.

En contraste avec la toiture métallique monochromatique extérieure, les matériaux utilisés à l'intérieur du domicile vont depuis le bois d'érable du sol et des meubles au verre et à l'acier inoxydable.

Als Kontrast zum monochromatischen Metalldach außen, wurden im Innenbereich der Wohnung Materialien wie Ahornholz für die Böden und Möbel bishin zu Glas oder Edelstahl verwendet.

The home is conceptualized as an open, luminous space that compensates for the darkness of the photography studio. The only element separating the bedroom from the living room and dining room is a large sliding glass door.

Le résidence a été créée comme un espace ouvert et lumineux qui compense l'obscurité du studio de photographie. L'unique élément qui sépare la chambre à coucher du salon et de la salle à manger est une grande porte coulissante en verre.

Die Wohnung ist als weiter heller Raum gedacht, der als Ausgleich zur Dunkelheit des Fotostudios gilt. Einziges Element, welches das Schlafzimmer vom Wohn- und Eßzimmer trennt, ist eine große Glasschiebetür.

The new building elements
are light, in contrast with the
structural weightiness of the
wood and masonry of the
original building. The
galvanized metal exterior of
the addition is an extension of
the original roof.

Les nouveaux éléments de
construction sont légers en
contrepartie avec la lourde
structure en bois et
maçonnerie de l'immeuble
original. Le métal galvanisé de
la partie extérieure ajoutée est
une extension de la toiture
existante.

Im Gegensatz zur
schwerfälligen Struktur des
Originalgebäudes aus Holz
und Mauerwerk, sind die neu
eingebauten Bauelemente
leicht. Das verzinkte Metall am
äußeren Teil des Ausbaues ist
eine Verlängerung der
bestehenden Bedachung.

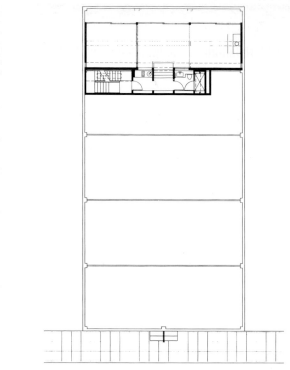

South Beach Apartment | TARA PARKER

The apartment occupies one of the top floors of a large residential block in South Beach, granting it splendid panoramic views of the city of Miami. The circular layout determined a fan-like organization of the space in which corridors are practically nonexistent. The entire façade is covered by a transparent glass panel that is very flexible but at the same time capable of resisting the hurricane-force winds that ravage the region. The motivating color theme for the interior is white. A white marble surface was selected to replace the wall-to-wall carpet that previously covered the floor.

LOCATION / LOCALISATION / LAGE
Miami, United States

PHOTOGRAPHY / PHOTOGRAPHIE / FOTOGRAFIE
José Luís Hausmann

Cet appartement occupe le dernier étage d'un grand immeuble de South Beach, et possède de ce fait une vue panoramique splendide sur Miami. Son plan circulaire détermine un ordre en forme d'éventail où les couloirs n'existent presque pas. Toute la façade est revêtue d'un panneau en verre transparent très flexible mais capable à la fois de résister les violents ouragans qui dévastent cette région.
À l'intérieur, la couleur blanche a été utilisé comme motif principal. C'est pour cela que la moquette qui recouvrait le sol a été remplacée par du marbre de cette couleur.

Dieses Apartment liegt in einer der obersten Etagen eines großen Wohnhauses von South Beach, wo man einen fantastischen Panoramblick über die Stadt Miami genießen kann. Sein runder Grundriß bestimmt die fächerförmige Anordnung bei der es praktische keine Flure gibt. Die gesamte Fassadenfront ist mit einem sehr flexiblen transparenten Glaspaneel verkleidet, das aber gleichzeitig den hurakanartigen Winden in diesem Gebiet Widerstand leisten kann.
Innen hat man sich für die Farbe Weiß als Hauptmotiv entschieden. Aus diesem Grund wurde der ehemalige Teppichboden, der den Boden zuvor bedeckte, durch weißen Marmor ersetzt.

The furniture has a marked 1960's flavor. Throughout years of dedication and searching in specialized stores and street markets, the owner, an interior designer who specializes in this time period, has selected each object.

Le mobilier a une tendance années soixante très marquée. La propriétaire, une décoratrice spécialisée dans cette époque, a sélectionné chacun des objets pendant des années de recherche dans des boutiques spécialisées et des petits marchés aux puces.

Das Mobiliar weist den deutlichen Akzent der 60iger Jahre vor. Die Inhaberin, eine auf diese Epoche spezialisierte Innenausstatterin, hat sich jahrelang mit Hingabe dem Aufstöbern und der Suche in Spezialläden und auf Märkten jedes einzelnen Teils beschäftigt.

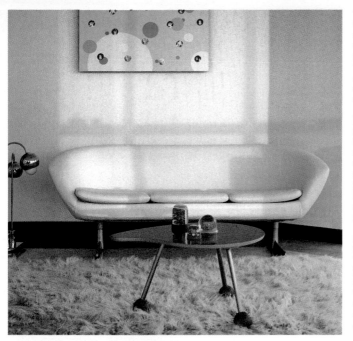

The apartment's 150 m² (492 sq. ft.) are distributed among a living room, a bathroom, two bedrooms with bathrooms, a kitchen and a terrace with an open-air kitchen. The predominance of white creates a refined and aseptic environment, granting the views more prominence.

Les 150 m² d'appartement sont répartis entre un salon, des toilettes, deux chambres à coucher avec salle de bain, une cuisine et une terrasse avec salle à manger en plein air. La prépondérance du blanc provoque une ambiance dépurée et sceptique où la vue est la protagoniste.

Das 150 m² große Apartament beinhaltet Wohnzimmer, eine Toilette, zwei Schlafzimmer mit Bad, eine Küche und Terasse mit Eßplatz im Freien. Das vorherrschende Weiß vermittelt ein nahezu reines aseptisches Ambiente, in dem allerdings der Ausblick eine Hauptrolle spielt.

Wallinder Apartment | CLAESSON KOIVISTO RUNE

LOCATION / LOCALISATION / LAGE

Stockholm, Sverige

PHOTOGRAPHY / PHOTOGRAPHIE / FOTOGRAFIE

Patrik Engquist

www.scandinaviandesign.com/
claesson-koivisto-rune

The original structure was a typical Stockholm apartment from the end of the 19th century. The client, a young bachelor, wanted a home where he could relax and disconnect from long work days and business trips. To conserve the original spirit of the place without having to give up any modern domestic comfort, the entire home was remodeled except for the living room. To emphasize the contrast, the ceilings, the walls, the kitchen and the majority of the elements of the remodeled part were painted light gray. The structural design permits fluid visual dialogue between all the rooms.

Il s'agissait d'un appartement typique du Stockholm de la fin du XIX ème siècle. Le client, un jeune homme célibataire, requérait un foyer où pouvoir se reposer et s'isoler des interminables journées de travail et de ses voyages à travers le monde. Toute la résidence a été modernisée excepté le salon, dans le but de conserver l'esprit original, sans pour autant se passer du confort des résidences actuelles. Pour accentuer le contraste, les toits, les murs, la cuisine, et la plupart des éléments de la partie réformée ont été peints en gris clair. Le design des structures permet un dialogue visuel fluide entre toutes les pièces.

Es handelt sich um ein typisches Stockholmer Apartment aus Ende des 19. Jahrhunderts. Wunsch des Auftraggebers, ein junger Single, war ein Heim zum Ausruhen und Abschalten nach unendlichen Arbeitsstunden und Geschäftsreisen. Man entschied sich zur Modernisierung der gesamten Wohnung außer dem Wohnzimmer, dessen Originalstil beibehalten wurde, ohne dabei aber auf die Annehmlichkeiten einer aktuellen Wohnung zu verzichten. Um Kontraste hervorzuheben, wurden die Zimmerdecken, Wände, Küche und Großteil des reformierten Teils in Hellgrau gestrichen. Das Design der Strukturen ergibt einen fließenden Blickdialog zwischen den Wohnbereichen.

The architects were able to maintain the relation between the modern and antique parts of the home through the employment of various elements. An example of this is the countertop in the kitchen, which stands at the same height as the wall shelf in the living room.

Les architectes ont voulu conserver la relation entre la partie moderne et l'ancienne à travers divers éléments. La cuisinière, qui a exactement la même hauteur que l'étagère murale du salon, est un bon exemple de cela.

Die Architekten beabsichtigten, die durchgehende Linie zwischen dem modernen und dem alten Teil anhand unterschiedlicher Elemente beizubehalten. Ein Beispiel ist die Küchenplatte, die exakt die selbe Höhe wie das Wandregal im Wohnzimmer hat.

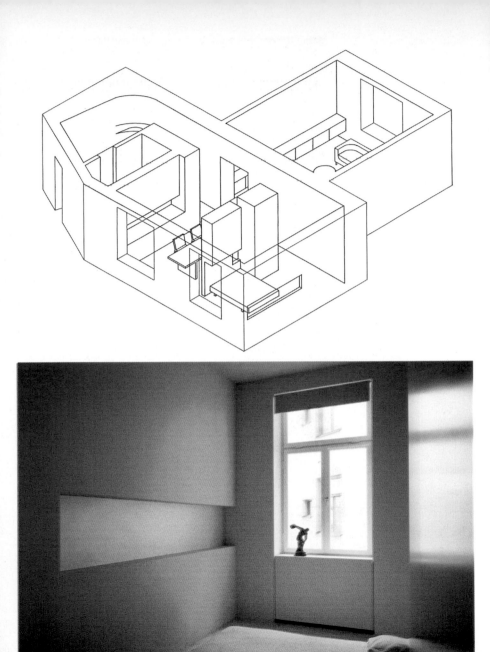

The apartment is structured along two axes. The first one begins at the entrance and ends into the bedroom after crossing the bathroom and the kitchen. The second axis bisects the first one perpendicularly and runs from the kitchen to the living room.

L'appartement est divisé en deux axes. Le premier commence dans l'entrée et termine dans la chambre à coucher après avoir traversé la salle de bain et la cuisine. Le second coupe perpendiculairement le premier axe et va de la cuisine au salon.

Das Apartment verteilt sich in zwei Achsen. Die erste beginnt im Eingangsbereich und endet, Bad und Küche durchlaufend, im Schlafzimmer. Die zweite Wohnachse kreuzt in senkrechter Linie die erste und verläuft von der Küche zum Wohnzimmer.

Loft P | ALAIN SALOMON

A community of artists decided to situate their home in an old 19th-century warehouse in the town of Pré Saint-Gervais, southeast of Paris. "P" is one of thirty lofts in the building and consists of three levels. On the level with access to the street, there are the garage and the office of one of the clients. The remaining rooms are distributed between the main level, which contains the kitchen and an open-layout living room, and the sleeping loft, consisting of a master bedroom and bathroom. The old wooden structure has been preserved and the concrete floors are covered with industrial paint.

LOCATION / LOCALISATION / LAGE

Pré-Saint-Gervais, Paris, France

PHOTOGRAPHY / PHOTOGRAPHIE / FOTOGRAFIE

Chris Tubbs, Alain Salomon

apsalomon@wanadoo.fr

Une communauté d'artistes a décidé d'installer sa résidence dans un ancien entrepôt du XIX ème siècle au Pré-Saint-Gervais, un village au sud-est de Paris. "P" est un des 30 lofts qui se trouvent dans l'immeuble. L'espace est organisé sur trois niveaux. À l'étage qui donne sur la rue, se trouve le garage et le cabinet d'un des clients. Le restant des pièces est réparti entre le niveau principale, avec une cuisine et un salon à la distribution ouverte, et le niveau surélevé, qui comprend la chambre à coucher principale et une salle de bain. La vieille structure en bois a été conservée et les sols en béton ont été recouverts d'une peinture industrielle.

In Pré-Saint-Gervais, einer Ortschaft südöstlich von Paris hat sich eine Künstlergemeinschaft entschieden, ihren Wohnungssitz in ein altes Lager aus dem 19. Jarhundert zu legen. "P" ist eines der 30 Lofts, die in diesem Gebäude liegen. Der Raum erstreckt sich über drei Etagen. In der Etage, die zur Straße gelegen ist, befinden sich die Garage und das Atelier einer der Bewohner. Die restlichen Räumlichkeiten verteilen sich in der Hauptetage auf die Küche und offenem Salon, dem Altillo mit dem Doppelschlafzimmer und einem Bad. Die alte Struktur aus Holz wurde beibehalten und die Zementfußböden wurden mit einem Industrieanstrich versehen.

The sleeping loft has the curved shape of a piano. The loft looks down into the high-ceilinged living room over a banister partly hidden by an ornamental cover. In this way, view of the master bedroom is blocked from the main floor.

Le niveau surélevé a la forme courbée d'un piano et se penche sur le salon à double hauteur à travers une rampe d'escalier en partie cachée par un paravent. C'est la solution qui empêche la vue sur la chambre à coucher depuis l'étage principale.

Das Altillo hat die geschwungene Form eines Klavierflügels und reicht mit einem Geländer, welches teilweise von einem Wandschirm verdeckt wird, bis in den Wohnsalon mit doppelter Raumhöhe hinein. Diese Lösung verhindert, daß man von unten in das Schlafzimmer blicken kann.

The bathroom in the sleeping loft has protective walls and its curved surface gives form to the stairwell. The floor is steel. Its front face is painted white to heighten the sense of spaciousness in the rooms below.

La salle de bain du niveau surélevé est dissimulé par des cloisons en pavé et a une superficie courbée qui est marquée par la forme du creux de l'escalier. Le sol est en acier et sa face intérieure a été peinte en blanc afin de donner de l'ampleur aux pièces situées en dessous.

Der Badezimmer mit geschwungener Fläche auf dem Altillo versteckt sich hinter einer Wand aus Glasbausteinen und bestimmt mit seiner Form die des Treppenschachtes. Die Unterfläche des Fußbodens aus Stahlplatten wurden weißgestrichen, um den darunterliegenden Zimmern Weite zu verleihen.

Loft Cartagena | JOAN LLONGUERAS, JAUME ALBA y JORDI MERCÈ

Faced with the impossibility of modifying the structural walls of this old workshop on the ground floor of a building in Barcelona's Eixample neighborhood, the architects decided to excavate the floor and build a small garret, converting the space into a comfortable and visually spacious loft. In this way, it was possible to augment the amount of useful space and facilitate the entrance of natural light to all corners of the home. An auxiliary construction on the interior patio with a small garden provides space and natural light to the kitchen, which also communicates with the dining room.

LOCATION / LOCALISATION / LAGE

Barcelona, España

PHOTOGRAPHY / PHOTOGRAPHIE / FOTOGRAFIE

Joan Mundó

Devant l'impossibilité de réaliser des modifications structurales sur les murs de support de cet ancien atelier situé au rez-de-chaussée d'un immeuble du quartier de l'Eixample barcelonais, les architectes ont décidé de creuser le sous-sol et de construire un niveau surélevé afin de convertir l'espace en un loft confortable et visuellement plus spacieux. En conséquence, la superficie utile de cette résidence a augmenté et la lumière peu pénétrer dans tous les coins. Une construction auxiliaire dans la cour intérieure où se trouve un petit jardin, a permis une plus grande ampleur et un éclairage naturel dans la cuisine qui communique aussi avec la salle à manger.

Da in dieser alten Werkstatt in der unteren Etage eines Gebäudes im Ensancheviertel Barcelonas strukturelle Veränderungen bei den Stützwänden unmöglich waren, entschlossen sich die Architekten zum Aushub des Bodens und bauten ein kleines Zwischengeschoß, um diesen Raum in einen komfortablen und geräumigen Loft zu verwandeln. Auf diese Weise konnte die Wohnfläche vergrößert und der Lichteinfall in alle Bereiche erreicht werden. Eine Hilfskonstruktion im Innenhof, in dem ein kleiner Garten liegt, ermöglichte eine vergrößerte und natürlich erhellte Küche, die sich auch mit dem Eßbereich verbindet.

The wooden furniture piece that hides the garret bedroom has a dramatic visual impact on the home. Its design incorporates closets and drawers that also form part of the furnishings in the study.

Le meuble en bois où se cache la chambre à coucher situé dans un niveau surélevé provoque le grand choc visuel de cet appartement. Son design incorpore des armoirs et des tiroirs qui font aussi partie du mobilier du studio.

Eine enorme Wirkung hat in der Wohnung ein Einbau aus Holz, hinter dem sich das Schlafzimmer im Altillo versteckt. Er wurde mit Schränken und Schubfächern versehen, die gleichzeitig Teil des Studiomobiliars sind.

Maple floors, white walls and the utilization of indirect light favor serene and relaxing environments. A gray wall separates the dining room from the living room and the study.

Le pavement en bois d'érable, la couleur blanche des murs et l'utilisation de la lumière indirecte favorisent la création d'une ambiance sereine et relaxée . Un mur gris sépare la salle á manger et le salon du studio.

Der Fußbodenbelag aus Ahornholz, die weißen Wände und indirekte Beleuchtung schaffen ein ausgeglichenes und beruhigendes Ambiente. Ein graue Wand trennt den Eßbereich vom Wohnbereich im Studio.

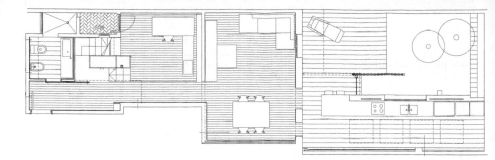

Casa Giordano | UdA (UFFICIO DI ARCHITETTURA)

The desire to convert this home into a summer apartment made a radical structural remodeling essential to the project. The clients, a retired couple, wanted a space that gave priority to guests. With this in mind, a large space that highlights the importance of the living room and contains the dining room and kitchen was designed. The two bedrooms occupy the back part of the home and are separated by two bathrooms. A wood and glass partition was the solution adopted to demarcate the master bedroom. The partition allows natural light to pass from the windows into less illuminated zones.

LOCATION / LOCALISATION / LAGE

Nice, France

PHOTOGRAPHY / PHOTOGRAPHIE / FOTOGRAFIE

Heiko Semeyer

www.uda.it

Un renouvellement radical de la structure a été nécessaire afin de transformer cette résidence en un appartement de vacances. Les clients, un couple de retraités, voulaient principalement un espace où inviter leurs amis. C'est pour cela qu'une grande pièce avec salle à manger et cuisine a été créée tout en insistant sur l'importance du salon. Les deux chambres à coucher occupent la partie arrière de la résidence et sont séparées par deux salles de bain. Une division en bois et en verre est la solution choisie pour délimiter la chambre à coucher principale, puisque qu'elle permet à la lumière naturelle de pénétrer à travers les vitres jusqu'aux zones les moins éclairées.

Der Wunsch, dieses Ferienapartment in eine Wohnung zu verwandeln, machte eine radikale Renovierung seiner Strukturen notwendig. Die Auftraggeber, ein Rentnerehepaar, legten besonderen Wert auf einen für Gäs-te vorgesehen Bereich. Hierzu wurde eine großer Wohnbereich als Wohnküche entworfen. Die beiden Schlafzimmer liegen im hinteren Teil der Wohnung und sind durch zwei Badezimmer voneinander getrennt. Eine Trennwand aus Holz und Glas begrenzt den Bereich zum Schlafzimmer der Wohnungsinhaber. Diese Wand ermöglicht, daß das durch die Fenster einfallende Tageslicht auch in die weniger hellen Bereiche gelangt.

The sofa is a Piero Lissoni design and the chairs are a 1968 William Plunkett model. The sofa has a stainless steel and laminated glass structure and a birch tabletop. The rest of the living room furniture is custom-made.

Le canapé est une création de Piero Lissoni et les chaises sont un modèle de 1968 de William Plunkett. La table a un dessus en bois de bouleau avec une structure en acier inoxydable et en verre laminé. Le restant des meubles du salon a été réalisé sur mesure.

Das Sofa ist ein Entwurf von Piero Lissoni und die Stühle sind im Stil der 68iger von William Plunkett. Die Tischstruktur ist aus Edelstahl und laminiertem Glas, die Tischplatte ist aus Birkenholz. Die restlichen Möbel des Wohnzimmers sind nach Maß gefertigt.

Fluorescent neon fixtures that shed diffuse light from the false ceiling illuminate the back part of the apartment. The tubes have been cut to fit the dimensions of the corridor.

Des fluorescents en néon qui irradient une lumière diffuse ont été utilisés pour illuminer la partie postérieure de l'appartement. Les tubes ont été coupés sur mesure afin de s'adapter aux dimensions du couloir.

Zur Ausleuchtung des hinteren Wohnungsteils wurden Neonleuchten mit difusem Licht an den abhängenden Gipsdecken angebracht. Die Leuchtröhren wurden in ihrer Länge an das Ausmaß des Flures angepaßt.

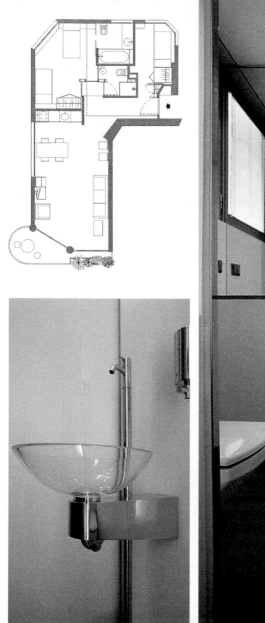

Chelsea Apartment | STUDIO AZZURRO

The project consisted of designing a flexible and elegant home that both stimulates and soothes the emotions. The space was originally built in 1926, in the heart of Chelsea. Its simple organization is directed at making the maximum number of rooms interchangeable in accord with the occupants' work, leisure and sleep needs. The absence of doors facilitates the connection between the different areas. The areas are interrelated through a basic palette of colors and materials used as graphic tools to highlight the geometry of objects.

Le programme consistait en la création d'une résidence flexible et élégante qui devait stimuler et à la fois apaiser les sens. Cet espace, construit à l'origine en 1926 dans le cœur du quartier de Chelsea, est organisé de forme simple dans le but de rendre interchangeables le maximum de pièces, selon les besoins d'y travailler, jouer ou dormir de ses locataires. L'absence de portes facilite la connexion entre les différents espaces qui s'entrelacent moyennant une palette de base de couleurs et de matériaux utilisés comme outils graphiques qui rehaussent la géométrie des objets.

Hierbei bestand die Absicht, eine flexible und elegante Wohnung zu schaffen, die gleichzeitig die Sinne stimulieren und doch beruhigend sein sollte. Die Wohnung in diesem ursprünglich 1926 im Herzen des Chelseaviertels erbauten Gebäudes, hat eine einfache Raumverteilung, um auf diese Art die größte Anzahl von Bereichen gemäß der Notwendigkeiten seiner Bewohner für Arbeit, Spiel und Schlafen austauschbar zu machen. Das Fehlen von Türen schafft den freien Zugang in unterschiedliche Bereiche, die sich durch eine Palette von Farben und Materialien miteinander verbinden, ähnlich einem grafischen Werkzeug, das die Geometrie der Dinge hervorhebt.

LOCATION / LOCALISATION / LAGE
London, United Kingdom

PHOTOGRAPHY / PHOTOGRAPHIE / FOTOGRAFIE
Winfried Heinze

www.studioazzurro.co.uk

The desk in the study is practically at the foot of the bed. It is the only obstacle between this room and the bedroom, which is elevated on a platform. This allows for maximum advantage to be taken of natural light.

Le secrétaire du studio est presque aux pieds du lit et c'est le seul élément de séparation entre cette pièce et la chambre à coucher qui est surélevée sur un plateforme. Ce système permet de profiter au maximum de la lumière.

Der Schreibtisch des Studios steht praktisch am Bettende und ist die einzige Begrenzung zwischen diesem Bereich und dem Schlafbereich, der auf einer Plattform errichtet wurde. Dieses System erlaubt die maximale Lichtnutzung.

The wall that separates the bedroom from the living room does not close off completely the rooms in between. It functions as a support for the chimney, and on one of its sides there is a series of shelves for books.

Le mur qui sépare la chambre à coucher du salon ne ferme pas complètement. Il sert de support pour la cheminée et comprend toute une série d'étagères destinées à la bibliothèque.

Die Wand zwischen Schlafzimmer und Wohnzimmer, trennt diese Bereiche nicht ganz voneinander. Sie wird als Stütze für den Kamin genutzt und in einer ihrer Seiten wurden eine Reihe von Bücherregalen eingebaut.

Vivienda en el Polígono de Meicende | A-CERO ARQUITECTOS

The design is a reflection on the significance of the house-car coupling in contemporary society. The project involved transforming a dark industrial complex into a bright and innovative home that dedicates one of the main spaces to the garage. The arrangement of the rooms was determined by the changes in level and height of the ceilings, as the design was realized in a single, double-level space. On the ground floor, the living room shares prominence with the garage. Windows that visually connect the two zones convert the car into an additional decorative feature.

Le projet, une réflexion sur le sens du binôme maison-voiture dans la société actuelle, a prétendu la transformation d'un sombre entrepôt industriel en une résidence lumineuse et originale où le garage est une de ses pièces principales. La distribution des pièces est marquée par les différents niveaux et l'élévation des plafonds, puisque le programme n'est composé que par un unique espace sur deux hauteurs. Au rez-de-chaussée, le salon et le garage tiennent le rôle principal. Des baies vitrées qui connectent visuellement les deux zones permettent à la voiture de devenir un nouvel élément de décoration.

Dieses Projekt entstand aus der Überlegung von der Unterbringung von Haus und Garage unter einem Dach und bedeutete den Umbau einer dunklen Industriehalle in eine helle aus dem Rahmen fallende Wohnung, in der die Garage in einen bedeutenden Bereich einnimmt. Die Raumverteilung wurde durch die Veränderungen der Decken in ihrer Höhe bestimmt, sodaß ein einziger Raum mit doppelter Raumhöhe entstand. Im Erdgeschoss teilen sich das Wohnzimmer und die Garage die Hauptrolle. Durch Scheiben, die beide Räumlichkeiten sichtbar miteinander verbinden, verwandelt sich das Auto in ein weiteres Dekorationsobjekt.

LOCATION / LOCALISATION / LAGE
Arteixo, A Coruña, España

PHOTOGRAPHY / PHOTOGRAPHIE / FOTOGRAFIE
Alberto Peris Caminero

www.a-cero.com

The architects paid utmost attention to all surface textures in the creation of a space with strong personality and character. Minimalists design lines combine with striking brushstrokes of color.

Les architectes ont soigné au maximum les textures de toutes les surfaces afin de créer un espace avec un caractère fort et une grande personnalité. Les lignes minimalistes du design combinent avec de criardes touches de couleur.

Die Texturen sämtlicher Oberflächen wurden von den Architekten besonders beachtet, um den starken persönlichen Raumcharakter hervorzuheben. Beim Design wurden die minimalistischen Linien mit auffälligen Farbstrichen kombiniert.

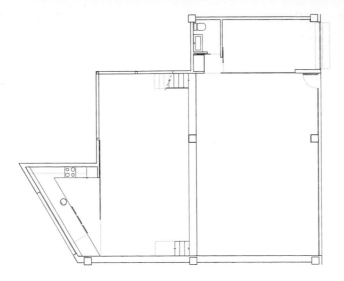

The security glass façades convert light into an estimable architectonic element. The glass is frosted to avoid interior views of the home from the exterior.

La façade en verre de haute sécurité converti la lumière en un élément de l'architecture important. Ce verre est de couleur blanche dans le but d'éviter que l'intérieur de la résidence soit visible de l'extérieur.

Die Fassaden aus Sicherheitsglas verwandeln das Licht in ein beachtenswertes architektonisches Element. Dieses Glas ist weiß gefärbt, um zu verhindern, daß das Innenbereich der Wohnung von draußen zu sehen ist.

Appartement Champs de Mars | GUILHEM ROUSTAN

The remodeling of this grand, 300 m² (984 sq. ft.) space focused on coming up with a new arrangement to make the home both more functional and comfortable. Windows were installed in the spaces facing the interior patio to facilitate the entrance of natural light. A variety of floor coverings were used with the intention of putting physically separated zones in contact or establishing spatial limits. The residence has more than a century of history. The classical decoration of some of the rooms and the preservation of the marble that covers some walls and surfaces reflect its past.

LOCATION / LOCALISATION / LAGE

Paris, France

PHOTOGRAPHY / PHOTOGRAPHIE / FOTOGRAFIE

Patrick Muller

guilhem.roustan@free.fr

Le renouvellement de ce grand appartement de 300 m² était centré sur la réalisation d'une nouvelle distribution qui le rende plus fonctionnel et confortable. Des fenêtres ont été ouvertes dans les pièces qui donnaient sur la cour afin de permettre l'entrée de lumière de l'extérieur et différents revêtements de sols ont été utilisé afin de mettre en contacte des zones physiquement séparées ou au contraire établir des limites. Le passé de cette résidence, avec plus d'un siècle d'histoire, est reflétée dans la décoration de quelques salles, de style classique, et dans la conservation du marbre qui recouvre certains murs et pavements.

Bei der Renovierung dieses 300 m² großen Apartments konzentrierte man sich auf den Entwurf einer neuen Raumverteilung, um diese Wohnung funktioneller und komfortabler zu gestalten. Es wurden Fenster in den Räumen zum Innenhof eingebaut, um mehr Tageslicht zu erhalten. Außerdem wurden unterschiedliche Bodenbeläge verarbeitet mit der Absicht, räumlich getrennte Bereiche miteinander zu verbinden oder räumliche Begrenzungen festzulegen. Die Vergangenheit dieser Residenz, deren Geschichte mehr als ein Jahrhundert alt ist, spiegelt sich in der Innendekoration einiger Salons im klassischem Stil, sowie in der Erhaltung einiger marmorverkleideter Wände und Böden wider.

The music room, dining room and part of the reception area form a single, continuous space occupying more than 80 m² (262 sq. ft.). The interconnectedness of these rooms guarantees their permanent use. The architect tempered the coldness and austerity of the original white marble with dark wood floorboards.

La salle de musique, la salle à manger et une partie de l'entrée forment un espace unique et continu de plus de 80 m². La polyvalence de ces pièces garantissent son usage permanent. L'architecte a adouci la froideur et la dureté du marbre blanc d'origine à travers une estrade en bois foncé.

Der Musiksalon, das Eßzimmer und Teil des Empfangs ergeben einen einzigen durchgehenden Bereich von mehr als 80 m². Die Vielfältigkeit dieser Räume garantiert ihre ständige Nutzung. Die einstige kühle und strenge Verkleidung aus weißem Marmor wurde durch eine Dielung aus dunklem Holz ersetzt.

In the new configuration, the kitchen no longer is considered a service area. It was equipped with state-of-the-art appliances and the floor was covered with the same wood floorboards applied in the living room and dining room.

Avec la nouvelle conception de cette résidence, la cuisine n'est plus considérée comme une pièce de service. Elle a été équipée avec des électroménagers très actuels et le sol a été recouvert avec la même estrade utilisée dans le salon et la salle à manger.

Mit der neuen Konzeption der Wohnung verlor die Küche den Charakter des Dienstbereiches. Sie wurde mit modernsten Haushaltsgeräten ausgestattet und der Fußboden wurde mit den selben Dielen wie in Wohn- und Eßzimmer verlegt.

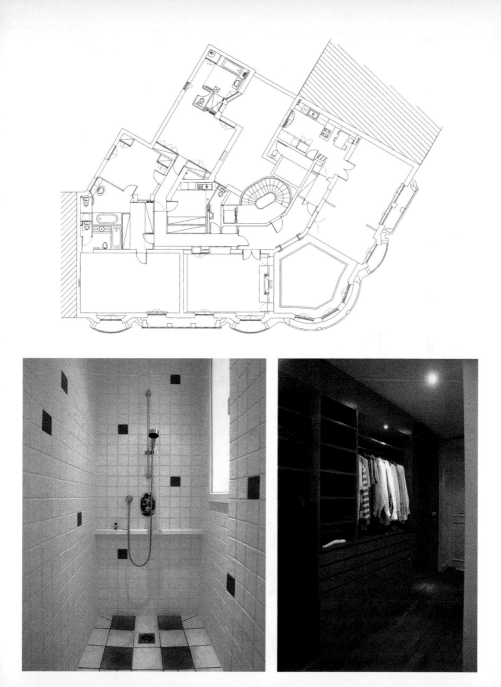

Hochhauser Residence | CHO SLADE ARCHITECTURE

The project centered on combining two 112 m² (367 sq. ft.) apartments. A complete spatial reorganization was necessary to create this home destined for a couple with two daughters. The architects needed to open up the rooms as much as possible without compromising privacy. To this end, they choose to create three differentiated zones within the space: the "formal zone" containing the living room, dining room, open kitchen, entrance and guest bedroom; the "informal zone" containing a study and the bedrooms and bathroom for the two girls; and the "main suite" containing a study, master bedroom, bathroom and balcony. Each zone has a unique spatial configuration.

LOCATION / LOCALISATION / LAGE
New York, United States

PHOTOGRAPHY / PHOTOGRAPHIE / FOTOGRAFIE
Jordi Miralles

www.choslade.com

Le projet démarre de la combinaison de deux appartements de 112 m² et implique la réorganisation complète de l'espace, le domicile d'un couple et de ses deux filles. Les architectes devait ouvrir au maximum les pièces sans pour autant perdre l'intimité , et c'est pour cela que trois zones bien définies ont été crées. La zone "sérieuse", avec salon, salle à manger, cuisine ouverte et chambre d'invités; la zone "familiale", avec secrétaire, chambres à coucher, et salles de bain pour les deux filles ; et la "suite principale", avec studio, chambre à coucher des parents, salle de bain et balcon. Chaque zone est articulée autour d'une configuration spatiale unique.

Bei diesem Projekt ging man von der Verbindung zweier Apartments von 112 m² aus, wobei der gesamte Wohnbereich neu organisiert werden mußte, um zur Wohnung eines Ehepaares mit zwei Kindern zu werden. Hierzu mußten sämtliche Bereiche auf das Maximalste geöffnet werden, ohne dabei auf spätere Privatbereiche zu verzichten. Somit entstanden drei unterschiedliche Zonen innerhalb dieser Wohnung. In der formellen Zone befinden sich Salon, Eßzimmer, amerikanischer Küche, Eingang und Gästezimmer; im familiären Bereich liegen Schreibtisch und die beiden Mädchenschlafzimmer mit Bad und in der Hauptsuite das Studio, Elternschlafzimmer, Bad und Balkon. Jeder Bereich ist in sich abgeschlossen.

The floorboards and maple furniture link the three functional areas, themselves defined by distinctive elements such as leather-bound closets, the rock and crystal in the "formal zone" or the translucent wall in the "informal zone".

L'estrade et les meubles en bois d'érable mettent en relation les trois zones fonctionnelles, définies par des éléments distinctifs comme les armoires en cuir, en pierre et en verre de la zone "sérieuse" ou le mur translucide de la zone "familiale".

Die Täfelung und die Möbel aus Ahorn verbinden die drei funktionellen Bereiche, die sich durch unterschiedliche Elemente wie Schränke aus Leder, Stein und Glas in der formellen Zone oder der durchscheinenden Wand in der Familienzone definieren.

The "formal zone" is a large room that occupies one-third of the home. New windows were installed to capture the impressive views of the city and light coming from the southwest.

La zone "sérieuse" est une grande pièce qui occupe un tiers de tout le domicile. Dans cette pièce, de nouvelles fenêtres ont été créés afin de capturer la vue impressionnante sur la ville et recevoir la lumière du sud-ouest.

Die formelle Zone besteht aus einem großen Zimmer, die ein Drittel der gesamten Wohnung belegt. In diesem Teil wurden neue Fenster eingebaut, um den imposanten Ausblick auf die Stadt und das Licht von südwestlicher Seite zu ermöglichen.

Hochhauser Residence · 427

Eagle Warehouse Loft | MICHAEL R. DAVIS

This Brooklyn Heights loft is located on Fulton Street in an old, Italian warehouse. The building was erected in 1874, and at one time was the headquarters of the *Brooklyn Eagle Newspaper*, the publication edited by the poet Walt Whitman between 1846 and 1848. The most astonishing aspect of this apartment is the massive glass-and-iron clock situated in one of its façades, a unique window more than three meters wide that gives way to the living room. Suspended directly before the east tower of the Brooklyn Bridge, the loft boasts splendid views of Manhattan and the Hudson River. From the roof, two skylights illuminate the living room and bedroom.

Ce loft de la rue Fulton de Brooklyn Heights est situé dans un ancien entrepôt italien construit en 1874 et qui antérieurement avait été le siège du *Brooklyn Eagle Newspaper*, journal qui avait été édité par Walt Whitman entre 1846 et 1848. L'aspect le plus surprenant de cet appartement est la grande horloge en verre et en fer qui existe dans une de ses façades, une fenêtre très spéciale de trois mètres de long qui donne sur le salon. Suspendu directement devant la tour est du pont de Brooklyn, ce loft possède une vue splendide sur Manhattan et sur la rivière Hudson. Les deux lucarnes du plafond illuminent le salon et la chambre à coucher.

Dieser Loft liegt in der Fultonstraße in Brooklyn Heights in einem alten italienischem Lagerhaus von 1874 und war ehemals der Hauptsitz der *Brooklyn Eagle Newspaper*, derjenigen Zeitung, die der Dichter Walt Whitman zwischen 1846 und 1848 herausbrachte. Auffälligster Aspekt dieses Apartments ist die in die Aussenfassade eingelassene große Uhr aus Glas und Stahl. Sie ergibt mit ihren mehr als drei Metern ein einmaliges großes breites Fenster zum Salon. Der Loft liegt direkt vor dem Turm der Brooklynbrücke und hat einen fantastischen Ausblick auf Manhattan und dem Hudsonriver. Durch zwei Dachfenster in der Decke fällt das Licht in den Wohnsalon und das Schlafzimmer.

LOCATION / LOCALISATION / LAGE
New York, United States

PHOTOGRAPHY / PHOTOGRAPHIE / FOTOGRAFIE
Michael R.Davis, Architects

www.michaeldavisarchitects.com

The apartment is decorated with English and American antiques in consort with an exceptional collection of fabrics and rugs from Turkey and Central Asia. An oriental and exotic touch that grants an air of mystery to the space.

L'appartement est décoré avec des antiquités anglaises et américaines qui combinent avec une exceptionnelle collection de tissus et de tapis de Turquie et d'Asie centrale. Une touche orientale et exotique qui apporte un certain air de mystère à l'ensemble.

Die Dekoration des Apartment besteht aus englischen und amerikanischen Antiquitäten, die sich mit einer außergewöhnlichen Sammlung von Tüchern und Teppichen aus der Türkei und Zentralasien verbinden. Ein orientalischer und exotischer Touch verleihen diesem Ensemble einen fast mysteriösen Ausdruck.

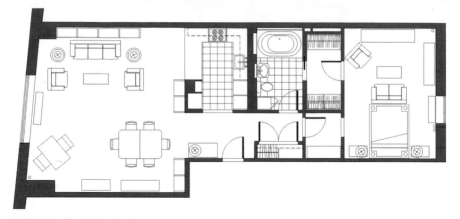

The brick walls are original and have been acid-washed. The floors are wooden and the closets and shelves are painted a milky shade of white. The kitchen counters are colored concrete.

Les murs en brique sont d'origine et ont été lavées avec de l'acide. Les sols sont en bois et les armoires et les étagères ont été peintes d'un couleur blanche laiteuse. Les plans de cuisine sont en béton tinté.

Die ursprünglichen Mauersteinwände wurden mit Säure gebeizt. Die Böden sind aus Holz; Schränke und Regale wurden in milchweißer Farbe gestrichen. Die Arbeitsplatten der Küche sind aus eingefärbtem Zement.

B Loft | RUHL WALKER ARCHITECTS

The existing space occupied 150 m² (492 sq. ft.). Aside from windows situated in both extremes of the space that offer gorgeous views of the city, the locale did not possess any outstanding features. As the loft is located on the top floor of the building, a large skylight was installed to bring abundant light to all corners of the home. The key factor here is the partitions, which are treated as sculptural objects that appear nearly afloat. A sanded-glass and aluminum wall separates private spaces from areas such as the dining room and living room. The design of the wall mimics that of the windows, suggesting orientation toward the exterior.

LOCATION / LOCALISATION / LAGE

Boston, United States

PHOTOGRAPHY / PHOTOGRAPHIE / FOTOGRAFIE

Jordi Miralles

www.ruhlwalker.com

L'espace existent occupait à peu près 150 m² et n'avait aucun signe distinctif intéressant, uniquement des fenêtres situées aux deux extrêmes du plan, qui permettaient une belle vue sur la ville. Comme ce loft était au dernier étage de l'immeuble, une grande lucarne a été installée afin de permettre que la clarté soit présente abondamment dans tous les coins. Il n'existe que les divisions nécessaires et celles-ci ont été traitées comme des sculptures presque flottantes. Un mur en verre sableux et aluminium séparent les pièces privées des autres comme le salon ou la salle à manger. Son aspect imite celui des fenêtres pour donner l'impression d'être tourné vers l'extérieur.

Die 150 m² großen Räumlichkeiten wiesen zuvor keine interessanten Charakterzüge auf. Einzig und allein gab es am jeweilige Wohnungsende Fenster, durch die man einen schönen Ausblick auf die Stadt genießen konnte. Da sich der Loft im letzten Stock des Gebäudes befand, wurde ein großes Oberlicht installiert, um viel Licht bis in die letzten Ecken der Wohnung zu bekommen. Die Unterteilungen sind unumgänglich und werden praktisch wie skulpturhafte fast schwebende Elemente behandelt. Eine Wand aus Sandglas und Aluminium trennt die Wohnbereiche wie Eßzimmer oder Wohnzimmer. Ihr Entwurf ist die Imitation eines Fenster, das nach außen zu gehen scheint.

With the aim of achieving more flexible spaces, the loft was furnished with matching cherry wood furniture. Maple floors also provide continuity and are present throughout the home except in the bathrooms.

Le loft a été équipé avec des meubles en bois de cerisier afin de rendre les espaces plus flexibles. Le sol en bois d'érable , présent dans toute la résidence, donne aussi une sensation de continuité.

Um die Wohnbereiche flexibel zu gestalten, wurde der Loft mit passenden Möbeln aus Kirschholz ausgestattet. Ein weiteres kontinuierliches Element sind die Böden aus Ahornholz in der gesamten Wohnung, außer in den Toilettenräumen.

440 · B Loft

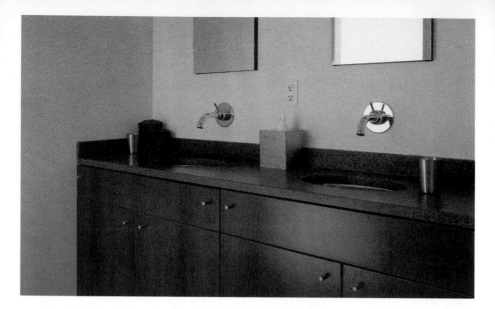

Subdued and tranquilizing colors such as the white and light gray of the main rooms represent the client's desire to create an environment that introduces an element of calm and relaxation into a frenetic daily routine.

Les couleurs ténues et tranquilles comme le blanc et le gris clair des pièces principales correspondent à la volonté du client de créer une ambiance calme et relaxée en contre partie de la frénétique vie quotidienne.

Beruhigende Farben wie Weiß und Hellgrau in den Hauptbereichen entsprachen dem Wunsch des Bauherrn, der dem Ambiente seiner Wohnung etwas Ruhe und Ausgeglichenheit zu seinem sonst so frenetischen Arbeitsalltag verleihen wollte.

Canal Building Loft | SIMON CONDER ASSOCIATES

The first floor of a 20th-century industrial building is the site of this small, 80 m² (262 sq. ft.) loft utilized as a guest residence and photography studio. The need for spatial flexibility was met through the installation of two mobile modules –the "dry" box and the "wet box"–. All utilities are concentrated therein. The volumes are made of birch wood and measure 2'2 x 2'2 x 2'5 meters high. They are mounted on wheels, which facilitates rapid transfer. A series of service points installed in the concrete floor may be connected to each module to supply electricity, water, telephone service and drainage.

Ce petit loft de 80 m² situé au premier étage d'un immeuble industriel du XX ème siècle, sert de résidence pour les invités et de studio de photographie. Le besoin de flexibilité de l'espace a été solutionné grâce à l'utilisation de deux éléments amovibles –la "boite sèche et la boite humide"– qui concentrent toutes les fonctions. Construits en bois de bouleau, ces deux volumes de 2'2 x 2'2 x 2'5 mètres de hauteur ont été installés sur roues afin de rendre leur transport plus rapide. Toute une série de points de services installés dans le sol en béton peuvent être connectés à chacun des éléments afin d'obtenir de l'électricité, de l'eau, une ligne téléphonique et un déversoir.

Im ersten Stock eines Industriegebäudes aus dem 20. Jahrhundert liegt dieser kleine 80m² Loft, der als Gästewohnung und Fotostudio genutzt wird. Requisiten zur Flexibilisierung des Raums sind zwei bewegliche Module –ein "Trockenmodul" und ein weiteres als "Naßmodul"– in denen sich sämtliche Funktionen konzentrieren. Diese Module entstanden aus Ahornholz mit den Maßen von 2'2 x 2'2 x 2'5 Meter und sind auf Rädern montiert, die das Verschieben erleichtern. Eine Reihe von Anschlüssen wie Strom, Wasser, Telefon und Abfluß sind im Betonboden eingelassen, so daß das jeweilige Modul entsprechend an die Versorgung angeschlossen werden kann.

LOCATION / LOCALISATION / LAGE
London, United Kingdom

PHOTOGRAPHY / PHOTOGRAPHIE / FOTOGRAFIE
Jose Lasheras

www.simonconder.co.uk

The "dry box" contains a study, a series of supply closets and drawers. On its upper level, there is a bed accessed by way of stairs installed in one of the module's sides.

La "boite sèche" comprend un secrétaire, une série d'armoires de rangement et des tiroirs. Un lit auquel on accède à travers un escalier installé sur le coté d'un des éléments, a été situé dans la partie supérieure.

Die Trockenzelle ist mit einem Schreibtisch und einer Serie von Ablageschränken und Schubladen versehen. Im oberen Teil steht ein Bett, zu dem man über eine an einer Seite des Moduls installierten Treppe gelangt.

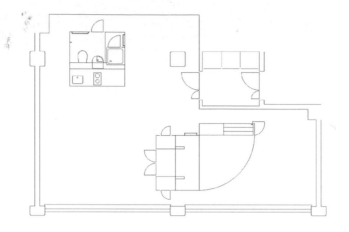

The "wet box" contains a small kitchen, shower, sink and toilet. A small appliance breaks down materials so that they may be absorbed by waste pipes.

La dénommée "boite humide" comprend la cuisine, la douche, les toilettes et le lavabo. Les résidus sont traités dans un petit appareil qui décompose les matériaux pour qu'il puissent être absorbés et évacués par les tuyaux.

Das sogenannte Naßmodul beinhaltet eine kleine Küche, Dusche, Waschbecken und Sanitäreinrichtung. Die entstehenden Abfälle werden mittels eines kleines Gerätes so zerkleinert, daß diese über Abfallrohre entsorgt werden können.

Casa rosa y cielo | ROSA TARRÉS y CRISTOPHE FRANÇOIS

The rustic style of this home distances us from the stressful atmosphere of the big city and represents a certain desire to return to origins. The interior designers directed a great deal of attention toward color, treating each floor of the home differently. The first floor is completely inundated by the color pink. The second floor decoration, on the other hand, combines light blue tones. A dichotomy between hot and cold defines the individuality of the project. A loft bedroom that emphasizes a palette of brown tones rounds out the program.

Le style rustique de ce domicile nous rapproche à un environnement éloigné du stress de la grande ville et présente une certaine volonté de retour aux sources. Les décorateurs donnent une grande importance à la couleur et ont été traité chacun des deux étages d'une manière différentiée. Le premier étage est complètement inondé de couleur rose. Le second étage, au contraire, combine les tons bleus clairs dans la décoration. C'est l'opposition entre le chaud et le froid qui détermine la conception si particulière de ce projet. Le programme est complété par une chambre à coucher, située à un niveau surélevé, représentée dans une palette de couleurs marron.

Der rustikale Stil dieser Wohnung bringt uns einem stessfreiem Umfeld fern der Großstadt nah, wo der Wunsch nach dem Ursprünglichem herrscht. Bei der Innenausstattung wurde besonderer Wert auf Farben gelegt und in jeder der beiden Etagen wurde unterschiedlich vorgegangen. Im ersten Stock herrscht absolut die Farbe Rosa vor. Im zweiten Stock wurden dagegen bei der Dekoration klare Blautöne verwand. Dieser Gegensatz von warmen und kalten Farben bestimmt die eigenwillige Konzeption dieses Projektes. Das Programm wird im Altillo durch ein Schlafzimmer in Brauntönen vervollständigt.

LOCATION / LOCALISATION / LAGE
Begur, Girona, España

PHOTOGRAPHY / PHOTOGRAPHIE / FOTOGRAFIE
José Luís Hausmann

Each element of the home seems to have been designed along traditional lines and in accord with the rural aesthetic of a country house. The untreated wood and the natural rocks play a prominent role in the decoration.

Chaque élément de cette résidence semble avoir été créé d'une manière artisanale et en accord avec l'esthétique d'un maison de campagne. Le bois sans traitement et la pierre naturelle ont une grande importance dans la décoration.

Jedes Element dieser Wohnung scheint ein handwerkliches Kunststück zu sein und wurde im Landhausstil gehalten. Bei der Dekoration bestechen unbehandelte Hölzer und Natursteine.

A kitchen with a dining area and the living room are located on the lower floor. The upper floor contains a bathroom, a dressing room and a guestroom. The loft bedroom is the most intimate room in the home.

La distribution situe la cuisine avec salle à manger et le salon à l'étage à l'étage inférieur. À l'étage supérieur se trouve la salle de bain, la garde-robe et la chambre d'invités. La chambre du niveau surélevé est la pièce la plus intime du domicile.

In der unteren Etage befinden sich die Küche mit dem Eßraum und das Wohnzimmer. Im oberen Stock liegen das Badezimmer, ein Ankleideraum sowie ein Gästezimmer. Das Schlafzimmer im Altillo ist der intimste Bereich der Wohnung.

458 • Casa rosa y cielo

Frank & Amy Loft | RESOLUTION: 4 ARCHITECTURE

LOCATION / LOCALISATION / LAGE

New York, United States

PHOTOGRAPHY / PHOTOGRAPHIE / FOTOGRAFIE

Paul Warchol

www.re4a.com

Located in an old industrial building in Manhattan's Hell's Kitchen, this loft was designed for an art critic and a film director. The space, which occupies an entire floor with views of the city through three of its façades, is a large fluid volume in which the furniture has been arranged with a studied chaos. The work of the architects underscores the industrial character of such elements as the ceiling pipes and concrete floors. A compact volume that contains the kitchen and storage spaces separates communal areas from private ones.

Créé par un critique d'art et directeur de cinéma, ce loft se trouve dans un ancien édifice industriel du quartier de Hell's Kitchen. L'espace, qui occupe un étage complet et possède une vue sur la ville à travers l'une de ses façades, est une grande scène diaphane où les meubles sont distribués dans un ordre précis. Le travail des architectes a servi à rehausser les éléments de caractéristiques industrielles, comme les tuyauteries du plafond et le sol en béton. La séparation entre les pièces d'usage commun et celles d'usage privé est représentée à travers un volume compacte qui comprend la cuisine et les espaces destinés au rangement.

Dieser Loft in einem ehemaligen Industriegebäude im Stadtteil Hell's Kitchen wurde für einen Kunstkritiker und Filmdirektor entworfen. Er erstreckt sich über das gesamte Stockwerk und über drei Gebäudeseiten hat man einen Ausblick auf die Stadt. Innen handelt es sich um einen einzigen klaren offenen Bereich, in dem die Verteilung der Möbel bewußt ungeordnet stattfindet. Bei diesem Objekt arbeiteten die Architekten insbesondere den industriellen Charakter heraus, was an den unter der Decke verlaufenden Rohren und dem Zementfußboden zu erkennen ist. Die Trennung zwischen den allgemein genutzten Bereiche und denen der Einzelnutzung wird durch ein kompaktes Volumen erreicht, in dem sich die Küche und Lagermöglichkeiten befinden.

The combination of modern and retro pieces with the original industrial features makes for an environment of contrast in which chromatic variety stands out.

La combinaison entre les pièces modernes et rétro, et les éléments d'origine industrielle évoquent une ambiance pleine de contrastes où la variété chromatique a une grande importance.

Die Kombination von modernen und Retrostücken, gemeinsam mit Elementen industrieller Abstammung, schaffen eine kontrastreiche Wohnatmosphäre, in der chromatische Mannigfaltigkeit einen herausragenden Aspekt ergibt.

The furniture piece consisting of drawers of different sizes and colors exemplifies the compositional originality of the space.

Le meuble construit avec des tiroirs de tailles et de couleurs différentes est un exemple de l'originalité de la composition de l'espace.

Dieses Möbelstück aus unterschiedlich großen und farbigen Schubläden ist ein Beispiel der originelle Raumkomposition.

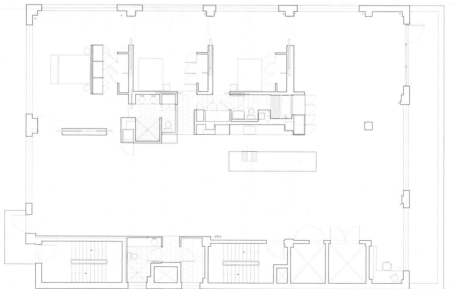

Casa Boggetto | UdA (UFFICIO DI ARCHITETTURA)

The architects took inspiration from the interior of a boat to design this summer apartment. The space, narrow and elongated with an office annex, is situated in a building from the 1950's with views of the sea.

The demolition of the old rooms permitted the creation of a single space in which the basic functions of the home are concentrated. A system of translucent and transparent sliding glass doors alters the arrangement of the living room and delimits the office, designed to convert into a guest bedroom with a separate bathroom and kitchen.

Les architectes se sont inspirés sur l'intérieur d'un bateau au moment de créer cet appartement de vacances, un espace étroit et allongé qui dispose d'un studio annexé et qui se trouve dans un immeuble des années cinquante avec vue sur la mer.

La démolition des anciennes pièces a permis de créer un espace unique où sont concentrées les principales fonctions de la résidence. Un système de portes coulissantes en verre translucide et transparent modifient la distribution du salon et sert de limite au studio, équipé de façon a se convertir en une chambre d'invités avec salle de bain et cuisine indépendantes.

Für das Design dieses schmalen und länglichen Sommerapartments mit einem anliegendem Studio in einem Gebäude aus den 50iger Jahren mit Meerblick, wurden die Architekten vom Interieur eines Schiffes inspiriert.

Die Auskernung alter Zimmer erlaubte die Entstehung eines einzigen Raums mit sämtlichen Basisfunktionen einer Wohnung. Durchsichtige Schiebetüren verändern die Aufteilung des Wohnzimmers und begrenzen das Studio, das in ein Gästezimmer mit eigenem Bad und Küche verwandelt wurde.

LOCATION / LOCALISATION / LAGE
Nice, France

PHOTOGRAPHY / PHOTOGRAPHIE / FOTOGRAFIE
Hervè Abbadie

www.uda.it

The glass door between the living room and terrace passes unnoticed due to the fact that it does not interrupt views of the sea from the interior. Indirect illumination from recesses and fluorescent lights creates an enveloping and relaxing ambiance.

La porte en verre entre le salon et la terrasse passe inaperçu et n'interromps pas la contemplation de la mer depuis l'intérieur. L'éclairage indirecte des alcôves et des fluorescents créent un climat envoûtant et relaxant.

Die Glastür zwischen Wohnzimmer und Terrasse ist fast unsichtbar und unterbricht nicht den Ausblick von innen auf das Meer. Die indirekte Beleuchtung in Nischen und Neonleuchten schaffen ein gemütliches und erholsames Ambiente.

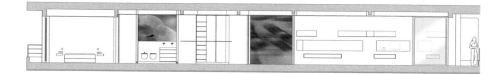

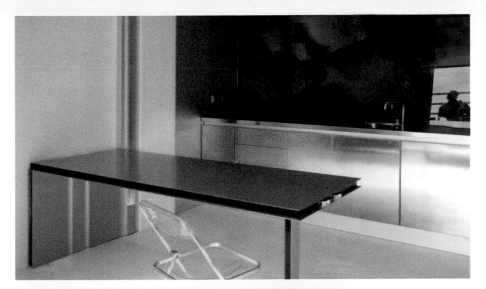

The futuristic aethestic of the apartment combines with constant references to the underwater world. Translucent glass partitions and doors are decorated with images of the sea floor and aquatic motifs.

L'esthétique futuriste de cet appartement combine avec des références constantes du monde sous-marin. Les divisions et les portes en verre translucide sont décorées avec des images du fond de la mer et des motifs marins.

In diesem Apartment kombinieren sich die futuristische Ästhetik mit herkömmlichen Elementen aus der Unterwasserwelt. Durchsichtige Zwischenwände und Glastüren wurden mit Darstellungen des Meeresbodens und Wassermotiven dekoriert.

Loft en Gràcia | JOAN BACH

To maintain the markedly industrial character of this loft, the majority of its structural elements (e.g., the ceiling vaults, the structural wall and the lattice beams) were left untouched. The polished-concrete floor accentuates the consistent and durable image of a space in which a motorcycle as a decorative object is not out of place.

The apartment is arranged in two areas distributed among a single space: a strip containing the bedrooms and bathrooms and a large square room with a corner that closes off to demarcate the kitchen.

LOCATION / LOCALISATION / LAGE
Barcelona, España

PHOTOGRAPHY / PHOTOGRAPHIE / FOTOGRAFIE
Jordi Miralles

La plupart des éléments structuraux de l'espace, tels que les voûtes du plafond, la façade et les poutres en jalousie, n'ont pas été revêtus dans le but de renforcer l'aspect industriel de ce loft. Le sol en béton poli accentue l'apparente consistance et dureté de l'ensemble où une moto s'intègre parfaitement comme objet décoratif.

L'appartement est composé par deux zones différentes situées au même étage : une frange qui contient les chambres à coucher et les salles de bain, et une grande salle carrée dont un des coins peut être fermé afin d'isoler la cuisine.

Um diesem Loft einen ausgesprochen industriellen Charakter zu verleihen, blieb Großteil der Raumstrukturelemente unverkleidet wie die Deckenbögen, die Fassadenmauer und die Fachwerkträger. Der Fußboden aus puliertem Beton verleiht dem Ensemble den Ausdruck von Beständigkeit und Härte, in dem auch ein Motorrad als dekoratives Element nicht aus der Reihe fällt.

Das Apartmente verteilt sich auf zwei Bereiche in einer einzigen Etage. Es gibt einen länglichen Bereich, der die Schlafzimmer und Bäder beherbergt sowie einen großen quadratischen Wohnraum, in dem einer der Ecken geschlossen ist, um die Küche getrennt zu halten.

Much of the furniture is restored. Its diverse provenance indicates the heterogeneous character of the decoration.

La plupart des meubles proviennent de la récupération. Leur origine détermine une décoration qui possède un fort caractère hétérogène.

Viele der Möbel sind recycelt. Hier Herkunft bestimmt die Innendekoration, die sich durch ihren heterogenen Charakter identifiziert.

Partitions that do not reach the ceiling transmit the sensation of an uninterrupted space. The visible pillar does not pertain to structural support; it contains the passage for the waste pipes.

La sensation d'espace sans interruptions provient des cloisons n'arrivent pas jusqu'au plafond. Le pilier en brique n'est pas un élément de support; il sert de guide pour les tuyaux d'écoulement.

Da die Zwischenwände nicht bis an die Zimmerdecke reichen, scheint der Raum durchgehend offen zu sein. Die unverputzte Säule hat keine tragende Funktion sondern durch sie führen Abflußrohre.

Yolles Residence | Johnson Chou

LOCATION / LOCALISATION / LAGE

Toronto, Canada

PHOTOGRAPHY / PHOTOGRAPHIE / FOTOGRAFIE

Volker Seding

www.johnsonchou.com

To facilitate the partial renovation of this 185 m² (607 sq. ft.) loft, the client asked the designer to think of prison as a place that inspires discipline and order. The project, which involved eliminating all non-structural walls and substituting them with sliding panels or sanded-glass screens, centered on the master bedroom and the bathrooms. Basic materials such as aluminum and concrete were utilized, while superfluous decorative elements were avoided. A wall with closets reaching the ceiling acts as a compositional backdrop and is illuminated by a play of adjustable fluorescent and halogen lights.

Le client avait demandé au designer de penser à une prison comme un lieu plein d'ordre et de discipline au moment de porter à terme le renouvellement partiel de ce loft de 185 m². Le projet, qui a provoqué l'élimination des murs qui ne supportait pas la structure et a les remplacer par des panneaux coulissants ou des baies en verre sableux, était centré sur la chambre à coucher principale et sur les salles de bain. Des matériaux de base comme le béton et l'aluminium ont été utilisés tout en omettant les éléments décoratifs superflus. Un mur avec des armoires, illuminé par un jeu de fluorescents et d'halogènes adaptables sert de rideau de fond dans toute cette composition.

Der Bauherr äußerte dem Designer gegenüber den Wunsch, bei der Teilrenovierung dieses 185 m² großen Lofts an ein Gefängnis als eine Art Raum für Disziplin und Ordnung zu denken. Dies bedeutete die Entfernung von Wänden, die durch Schiebeelemente und Sandglasscheiben ersetzt wurden und zentrierte sich auf das Hauptschlafzimmer und die Bäder. Es wurden Basismaterialien wie Aluminium und Beton verwendet und auf überflüssige Dekorationselemente wurde gänzlich verzichtet. Eine zimmerhohe Schrankwand mit Neon- und regulierbaren Halogenleuchten wird als Hintergrund der Komposition genutzt.

The floor does not support the bed. Instead, it is fixed to the wall, a projection seemingly suspended in the air. The bed's aluminum structure makes it a resistant and secure furniture piece.

Le lit n'a pas besoin d'êtres appuyé au sol car il est fixé au mur comme s'il s'agissait d'un élément volant suspendu en l'air. Sa structure en aluminium permet que le meuble soit sure et résistent.

Das Bett steht nicht auf dem Boden, sondern wurde an der Wand befestigt und scheint zu schweben. Seine Aluminiumstruktur verleiht diesem Möbel Festigkeit und Sicherheit.

The bathroom is situated on a staggered slate platform. A bathtub has been installed on it. A transparent glass strip permits sight of this intimate space from other rooms, as if it were a guarded site.

La salle de bain est située sur une plate-forme échelonnée en ardoise où a été installée la baignoire. Une frange en verre transparent permet de voir cet espace intime depuis d'autres pièces comme s'il s'agissait d'une enceinte surveillée.

Das Badezimmer befindet sich auf einem Stufenpodest aus Schiefer, in das die Badewanne eingelassen wurde. Ein durchsichtiger Glasstreifen erlaubt den Einblick in diesen intimen Bereich und wirkt wie ein überwachter Raum.

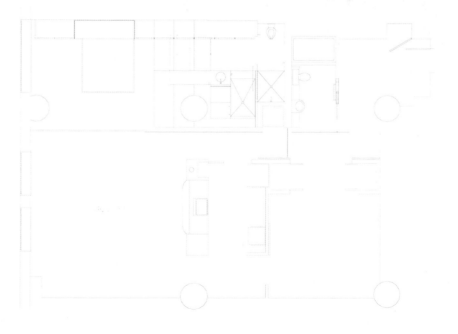

419 Fulton Street Lofts | PFAU ARCHITECTURE

Located in the Hayes Valley district of San Francisco, this building with seven lofts represents the contextualization of the neighborhood setting as a definitive structural element. The architects needed to satisfy the lighting and ventilation requirements of each home. To this end, they opted for a single lateral patio adjacent to neighboring gardens instead of the customary central void or a back terrace that necessarily would have been an isolated element. In this way, the lofts in the back of the building gained space for a private terrace as well as shared scenery.

LOCATION / LOCALISATION / LAGE

San Francisco, United States

PHOTOGRAPHY / PHOTOGRAPHIE / FOTOGRAFIE

Cesar Rubio

www.pfauarchitecture.com

Situé dans le district de Hayes Valley de San Francisco, cet immeuble de 7 lofts est un projet qui a utilisé le contexte du quartier dans la définition de sa structure. Dans l'objet de satisfaire les besoins d'éclairage et de ventilation de chacune des résidences, les architectes ont préféré créer une cour latérale unique adjacente aux jardins des voisins avant que de réaliser un espace central conventionnel ou créer une cour nécessairement déplacée vers la partie arrière. De cette manière, les lofts de la partie postérieure ont pu gagner un espace pour une terrasse privée et ont obtenu un passage en commun.

Bei diesem Gebäude mit insgesamt 7 Lofts im Distrikt von Hayes Valley in San Francisco definierte die Umgebung des Viertels dessen Baustil.
Mit der Absicht, daß jede der Wohnungen mit Licht und Luft versorgt wird, zogen es die Architekten vor, einen einzigen seitlich an die Nachbargärten angrenzenden Hof zu schaffen, anstatt eines zentralen konventionellen Innenhofs oder eines gezwungenermaßen abliegenden Hinterhofs. Auf diese Weise gewannen die auf der Hinterseite liegenden Lofts jeweils Platz für eine eigene Terrasse und einen gemeinsamen Landschaftsausblick.

The lofts located in the front of the building have two levels while those giving way to the lateral patio have three. All the homes benefit from large windows that reach the ceiling and provide a passage for natural light throughout the day.

Les lofts situés dans la partie de devant de l'immeuble ont deux étages et ceux de la partie arrière en ont trois. Tous les appartements possèdent de grandes baies vitrées qui arrivent jusqu'au plafond et fournissent un apport de lumière durant toute la journée.

Die Lofts auf der Vorderseite des Gebäudes sind zweistöckig und die zum seitlichen Hof liegen, haben 3 Etagen. Alle Wohnungen haben große bis unter die Decke reichende Fenster, durch die den ganzen Tag lang das Licht fällt.

The materials, colors and lighting of the façades are complementary. They express contained volumes and help to reduce the visual scale of the complex. The result being that the building is better adapted to the environment.

Les matériaux, les couleurs et l'éclairage des façades se complémentent afin d'obtenir des volumes modérés et aider à réduire l'échelle visuelle de l'ensemble, de telle manière que l'édifice s'adapte parfaitement à l'environnement.

Materialien, Farben und helle Fassaden ergänzen sich mit den inneren Wohnbereichen und helfen, die Skala des Ensembles sichtbar zu reduzieren und zwar auf eine Weise, daß sich das Gebäude besser dem Umfeld anpasst.

Goldman Loft | MICHAEL R. DAVIS

This private gallery on Fifth Avenue has more than 370 m² (1214 sq. ft.) and also serves as the residence for an important art collector. The home was specifically designed to exhibit the premier collection of Ikat fabrics from Central Asia. The decoration follows Modernist criteria. The arrangement meets the necessary requirements for the maintenance of works of art while at the same time adapting itself to the necessities of an inviting and comfortable home. The exhibition room is located in the zone closest to the entrance. More intimate spaces are reserved for private rooms.

Cette galerie privée de la cinquième avenue a plus de 370 m² et c'est le domicile d'un important collectionneur d'art. Créé spécialement afin d'y exhiber la meilleur collection de tissus en Ikat d'Asie centrale, cet appartement suit les directrices décoratives du Mouvement Moderne, et, sans oublier les règles nécessaires pour conserver des œuvres d'art, il réussi à s'adapter aux besoins d'un foyer accueillent et confortable. La distribution de ce loft situe la salle d'exposition dans la partie la plus proche de l'entrée et réserve les espaces les plus intimes aux pièces privées du domicile.

Diese Privatgalerie auf der 5th Avenue verfügt über mehr als 370 m² und ist die Residenz eines bedeutenden Kunstsammlers. Sie wurde speziell zur Ausstellung der schönsten Ikatstoffe aus Zentralasien entworfen. Der Wohnteil ist nach dem Vorbild der modernen Bewegung dekoriert und ohne die notwendigen Requisiten zur Aufrechterhaltung der Kunstwerke aufzugeben, wurden die Bedingungen für ein gemütliches und komfortables Heim geschaffen. Bei der Aufteilung des Lofts wurde darauf geachtet, daß im Eingangsbereich der Ausstellungssaal liegt und der restliche Bereich der Wohnung wurde für private Zwecke reserviert.

LOCATION / LOCALISATION / LAGE
New York, United States

PHOTOGRAPHY / PHOTOGRAPHIE / FOTOGRAFIE
Michael R.Davis, Architects

www.michaeldavisarchitects.com

Security, lighting and air quality installations are customary for a museum that houses delicate and valuable objects. The architect designed a support system to ensure objects would not suffer any damage when on display.

Les installations de sécurité, l'éclairage et la qualité de l'air sont les habituelles d'un musée qui conserve des objets délicats et de valeur. L'architecte a créé un système de soutient des pièces de collection afin d'éviter de les endommager durant l'exposition.

Die Sicherheitseinrichtungen, Beleuchtung und Luftqualität sind in einem Museum üblicherweise notwendig, um die delikaten und wertvollen Objekte zu schützen und zu erhalten. Vom Architekten wurde ein besonderes Haltesystem für die Ausstellungsstücke entworfen, damit diese keinen Schaden nehmen.

The furniture is restrained and functional. It includes a range of antique and contemporary objects from a pair of Louis XV chairs to designs by Todd Hase, Chris Lehrecke or Donghia.

Le mobilier est assez sobre et fonctionnel et inclus autant des antiquités comme des objets contemporains, depuis deux chaises Louis XV Jusqu'à des créations de Todd Hase, Chris Lehreecke, ou Donghla.

Das Mobiliar ist ziemlich schlicht und funktionell. Darunter mischen sich Antiquitäten wie auch kontemporäre Stücke wie ein Paar Stühle Luis XV bis hin zu Designerteilen von Todd Hase, Chris Lehrecke oder Donghia.

Loft en el Putxet | ARES FERNANDEZ

The space occupied by this 120 m² (394 sq. ft.) loft is part of completely renovated building that beforehand was a printer's shop. The living room is a double-level space inundated by light from two large windows (of more than three meters). The space's open layout arrangement permits light to reach the dining room and the bedroom located in the sleeping loft, which communicates with the lower floor by way of riserless stairs. The bathroom is equipped with a shower. The bathtub was installed on a small back terrace. The furniture is quite austere, thus granting more prominence to the volumes.

L'espace qu'occupe ce loft de 120 m² fait partie d'un immeuble remodelé complètement et qui auparavant avait été une imprimerie. Le salon est une pièce sur double hauteur, inondée par la lumière qui entre à travers de grandes baies vitrées de plus de trois mètres. Sa distribution ouverte permet à la clarté d'entrer jusqu'à la salle à manger et la chambre à coucher situées au niveau surélevé et qui communiquent avec l'étage inférieur à travers un escalier sans contremarches. La salle de bain est équipée d'une douche, car la baignoire a été installée dans une petite terrasse située dans la partie arrière. Le mobilier est assez austère afin de donner plus d'importance aux volumes.

Die Fläche dieses 120 m² großen Lofts ist Teil eines komplett umgebauten Gebäudes, das zuvor eine Druckerei war. Das Wohnzimmer ist ein Raum mit doppelter Höhe und wird durch mehr als 3 Meter große Fenster in Licht gebadet. Die offene Aufteilung erlaubt, daß die Helligkeit bis in den Eßbereich und den Schlafbereich auf dem Altillo gelangt. Von hier gelangt man in die untere Etage über eine offenstufige Treppe. Das Bad wurde mit einer Dusche ausgestattet, da bereits eine Badewanne auf einer kleinen hinteren Terrasse eingebaut wurde. Das Mobiliar ist von strenger Schlichtheit, um den Räumen Relevanz zu geben.

LOCATION / LOCALISATION / LAGE
Barcelona, España

PHOTOGRAPHY / PHOTOGRAPHIE / FOTOGRAFIE
José Luís Hausmann

A large concrete and wood furniture piece extends the length and height of one of the living room walls. In addition to containing the fireplace and bookcase, the piece hides a liquor cabinet and contains closets used to store everything from dishes to documents.

Un grand meuble en béton et en bois s'étend tout au long et au large d'un des murs du salon. Il cache un meuble bar en plus d'une cheminée et d'une librairie, et comprend des armoires qui gardent autant de la vaisselle comme des documents.

Eine Konstruktion aus Beton und Holz steht entlang einer der Wohnzimmerwände. Hierin wurden der Kamin und eine Bücherwand eingelassen, es versteckt sich darin gleichzeitig ein Barmöbel und Schränke, die vom Geschirr bis zu Dokumenten alles aufnehmen.

The kitchen and part of the dining room are beneath the sleeping loft. The absence of doors that would limit the space facilitates transit between these two rooms. In the kitchen, the metallic color of the appliances combines with the red of the refrigerator.

En dessous du niveau surélevé se trouve la cuisine et une partie de la salle à manger. L'absence de portes qui délimitent l'espace facilite le transit entre les deux pièces. Dans la cuisine, la couleur métallique des électroménagers combine avec la couleur rouge du frigidaire.

Unter dem Altillo liegen die Küche und Teil des Eßbereichs. Türen, die den Raum teilen würden, sind nicht vorhanden, so daß der Zugang in beide Bereiche offen ist. In der Küche wird der rote Kühlschrank mit metallfarbenen Küchengeräten kombiniert.

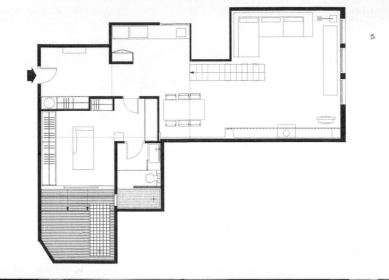

Gilsanz/Glasserman Apartment | CHO SLADE ARCHITECTURE

This apartment for a couple with two children consists of the clients' former apartment and a contiguous one-bedroom home. The entrance of natural light and two structural walls determines the spatial distribution. The walls delineate the area into three differentiated zones: the adult zone in the northern part of the home; the children zone in the southern side; and the communal zone situated between the previously mentioned two. In the center zone, the kitchen complex creates functional areas destined for the dining room and living room. A new opening in a brick wall connects the two original homes and provides a generous access zone.

LOCATION / LOCALISATION / LAGE
New York, United States

PHOTOGRAPHY / PHOTOGRAPHIE / FOTOGRAFIE
Jordi Miralles

www.choslade.com

Cette résidence pour un couple et ses deux enfants est composée de l'ancien appartement des clients et d'un appartement contigu d'une seule pièce. La distribution est déterminée par l'entrée de lumière naturelle et par deux murs de support qui délimitent l'espace en trois zones différentiées: celle des adultes, située dans la partie nord ; celle des enfants, du coté sud; et la zone commune, située entre les deux précédentes. Dans la partie centrale, le bloc de la cuisine provoque la création de zones fonctionnelles destinées à la salle à manger et au salon. Une nouvelle ouverture dans un mur en brique connecte les deux appartements et produis une généreuse zone d'accès.

Dieses Apartment eines Ehepaares mit zwei Kindern erstand aus der ehemaligen Familienwohnung und einer weiteren daneben gelegenen mit einem einzelnen Schlafzimmer. Die Zimmerverteilung wird vom Tageslicht und zwei tragenden Wänden bestimmt, die den Wohnbereich in drei unterschiedliche Zonen aufteilt: eine für die Erwachsenen auf der Nordseite; der Kinderbereich auf der Südseite und der Bereich der allgemeinen Nutzung, der zwischen den beiden vorgenannten liegt. Im Mittelbereich fungiert ein Küchenblock sowohl als Eßraum wie auch als Wohnzimmer. Eine neugeschaffene Öffnung in der Backsteinmauer verbindet die ehemaligen Wohnungen und ergibt nun einen großzügigen Zugangsbereich.

Brick walls were painted white to preserve the texture of the material and create a more luminous atmosphere. Wooden floors and furniture provide warmth to a decorative arrangement that incorporates innovative strokes of color such as the sky-blue door.

Les murs en brique ont été peint en blanc afin de maintenir la texture du matériel et de créer une atmosphère plus lumineuse. Les sols et les meubles en bois apportent une dose de chaleur à une décoration qui incorpore des touches de couleur comme la porte au teint bleu ciel.

Die Backsteinwände wurden geweißt, um die Materialtextur zu erhalten und ein freundlich helles Ambiente zu schaffen. Holzböden und -möbel tragen zu einer warmen angenehmen Ausstattung bei, in die sich als origineller Touch diese himmelblaue Tür einfügt.

Loft Transhouse | ARCHIKUBIK

The architects applied the concepts of movement and instability to the design of this rectangular-layout loft located on old industrial premises in the center of Barcelona. The project involved the elimination of all opaque parts and the creation of a large patio which, along with the main entrance to the home, is responsible for the distribution of 25 x 3´8 x 3´8 meters (82 x 12 x 12 ft.) of space. The interior patio is the only permanent element and the primary source of natural light. The rest of the rooms were designed to be transformable, interrelated zones through which the occupants can move unobstructed.

LOCATION / LOCALISATION / LAGE

Barcelona, España

PHOTOGRAPHY / PHOTOGRAPHIE / FOTOGRAFIE

Miquel Tres

www.archikubik.com

Les architectes ont appliqué au design le principe de la circulation et du manque de stabilité à ce loft au plan rectangulaire situé dans un ancien entrepôt du centre de Barcelone. Le projet élimine toutes les parties opaques et l'ouverture d'une grande cour qui, avec l'accès à la résidence, est chargé de distribuer un espace de 25 x 3,8 x 3,8 mètres. La cour intérieure représente le seul élément fixe et la principale source de lumière naturelle. Le restant des pièces ont été projetées comme des zones transformables et en relation entre elles afin de permettre aux habitants de circuler sans obstacles.

Beim Design dieses quadratischen Lofts in einer alten Fabrikhalle in Barcelona haben die Architekten das Konzept der Beweglichkeit und der Unbeständigkeit angewandt. Hier wurden sämtlichen dunklen Bereiche entfernt und eine Öffnung zu einem großen Innenhof geschaffen, der gemeinsam mit dem Eingangsbereich zur Wohnung eine Fläche von 25 x 3'8 x 3'8 Meter ergab. Der Innenhof als einziger feststehender Bereich, ist die Hauptquelle, über die Tageslicht einfällt. Der restliche Raum wurde mit veränderbaren und miteinander verbindenden Bereiche gestaltet, in denen man sich frei bewegen kann.

The central wood-panel volume contains the master bathroom. A translucent wall permits light to enter the space via the bedroom, where several closets situated at the head of the bed define the dressing room zone.

Le volume centrale fait de panneaux de bois comprend la salle de bain principale. Un mur translucide permet à la lumière d'arriver jusque là depuis la chambre à coucher, où des armoires situées à la tête du lit servent à définir la zone de la garde-robe.

In einem Zentralvolumen aus Holz befindet sich das große Badezimmer. Hier fällt durch eine durchscheinende Wand Licht aus dem Schlafzimmer, in dem einige Schränke an der Kopfseite des Bettes den Ankleidebereich ergeben.

Visual communication between the rooms is constant thanks to the lack of doors or partitions. The dining room, living room and kitchen are oriented toward the patio, granting spaciousness and light to these areas.

La communication visuelle entre les pièces est constante grâce au manque de portes ou de murs diviseurs. La salle à manger, le salon, et la cuisine sont ordonnés autour de la cour qui octroie à ces pièces de l'ampleur et de la lumière.

Sämtliche Bereiche sind übersichtlich, da es weder Türen noch Trennwände gibt. Eß- und Wohnbereich sowie Küche liegen zum Innenhof, der ihnen Weite und Licht gibt.

A series of small shelves covers
the wall from one of the
bedrooms to the dining room.
This arrangement relates the
different areas and affords an
original touch to the decoration.
The wall fixtures are tiny
television monitors.

Une série de petites étagères
parcourt les murs depuis une
des chambres à coucher jusqu'à
la salle à manger. Sa situation
met en rapport les différentes
zones et donne un air original à
la décoration. Les appliques
lumineuses sont de minuscules
écrans de télévision.

Eine Reihe von kleinen Regalen
verläuft längst der Wand von
einem der Schlafbereiche bis
hin zum Eßbereich. Ihre
Anordnung stellt die Verbindung
von unterschiedlichen
Bereichen dar und vermitteln
der Dekoration einen originellen
Touch. Die Leuchtstrahler haben
das Format von
Miniaturfernsehern.

Musicians Home | PLASMA STUDIO

This renovated industrial space consists of the home of a couple with a son and a soundproof music studio. A wall that traces a subtle zigzag and articulates various zones along its extension is responsible for the distribution of the space. The particularity of this wall resides in the fact that it contains many of the services of the home such as the heating system, the water tank, a wardrobe closet or a bookcase. The music studio is also a dressing room visible from the bathroom. Low ceilings in this room permitted the construction of a raised platform on which there is a small bedroom.

LOCATION / LOCALISATION / LAGE
Hackney, United Kingdom

PHOTOGRAPHY / PHOTOGRAPHIE / FOTOGRAFIE
Peter Guenzel

www.plasmastudio.com

Le programme de cet espace industriel renouvelé inclus une résidence pour un couple avec un enfant et un studio de musique insonorisé. La distribution est déterminée par un mur qui forme un léger zigzag et qui articule les différentes zones sur toute sa longueur. La particularité de ce mur réside dans le fait de comprendre plusieurs des services du foyer, comme le système de chauffage, la citerne, une armoire pour vêtements ou une librairie. La salle de musique sert aussi de garde-robe et est visible depuis la salle de bain. Les plafonds bas de cette pièce ont permis la construction d'une plateforme supérieure où se trouve une petite chambre à coucher.

Das Programm dieser renovierten Industriefläche beinhaltet die Wohnung eines Ehepaares mit Kind sowie einem schallgeschützten Musikstudio. Die Verteilung wird von einer leicht im Zickzack verlaufenden Wand bestimmt und gliedert unterschiedliche Bereiche über deren Gesamtlänge. Die Besonderheit dieser Wand besteht darin, daß in ihr viele Hausanlagen wie das Heizungssystem, der Wasserboiler, aber auch ein Kleiderschrank und eine Bücherwand untergebracht wurden. Das Musikzimmer ist gleichzeitig ein Ankleideraum und ist vom Bad aus einsehbar. Die niedrige Decke dieses Zimmers erlaubte den Einbau eines erhöhten Podiums, auf dem ein kleines Schlafzimmer eingerichtet wurde.

The platform is a galvanized steel grate. It slides across the volume and through the façade, where it converts into a balcony. This feature existed prior to the renovation. Its adaptation to a domestic setting involved reducing the spaces in the grate.

La plateforme en grillage d'acier galvanisé se glisse à travers le volume, traverse la façade et devient un balcon. Cet élément existait déjà au moment de la rénovation. Son adaptation à l'environnement domestique a été réalisé grâce à la réduction des trous du grillage.

Das Podium aus Stahlzinkgitter verläuft durch den gesamten Raum, durchbricht die Hausfassade und wird draußen zu einem Balkon. Dieses Bauelement bestand bereits vor dem Abschluß der Renovierung. Es wurde an das häusliche Umfeld derart angepaßt, indem man die Gitternetzabstände verkleinerte.

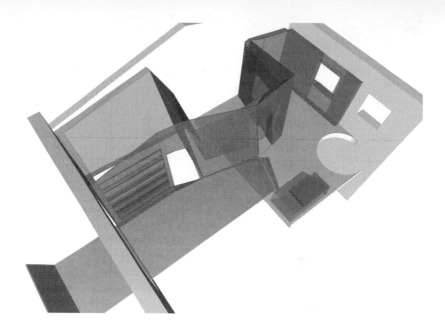

At the end of the steel platform, a step inclines in two directions. Despite appearances, it is totally safe. The sensation of movement it creates is heightened by the irregular wall's subtle grades of inclination.

La marche située à la fin de la plateforme en acier est inclinée vers deux directions. Malgré ça, la sécurité est totale. La sensation de mouvement qu'elle provoque, est accentuée par les subtils degrés d'inclination d'un mur irrégulier.

Der Absatz am Ende des Stahlpodiums neigt sich in zwei Richtungen. Auch wenn es nicht so scheint, ist diese Konstruktion doch absolut sicher. Das Gefühl, daß sich das Ganze in Bewegung befindet, wird durch die unregelmäßige, sich leicht neigende Wand unterstützt.

Loft L | ALAIN SALOMON

The architect sought to counteract the impact of the urban environment. He thus designed a garden to give life to this 300-m^2 (984 sq. ft.) former electrical appliance workshop that is now the home of a French-Argentinean family. The tree-lined space is located on the interior patio of the building, which communicates directly with the living room. An opening fitted out in the back part of the space channels natural light from the corridor to the dining room. The rooms in the former garage area –library, guest bedroom, and bathroom with a sauna– have windows that look out at the garden.

LOCATION / LOCALISATION / LAGE
Paris, France

PHOTOGRAPHY / PHOTOGRAPHIE / FOTOGRAFIE
Alain Salomon,
Gilles Trillard

apsalomon@wanadoo.fr

L'architecte a voulu contrecarrer l'impacte de l'environnement urbain avec la création d'un jardin pour égailler ce loft, un vieil atelier d'appareils électriques de 300 m^2 converti en la résidence d'une famille franco-argentine. L'espace boisé a été situé dans la cour intérieure de l'immeuble, qui communique directement avec le salon. Une ouverture réalisée dans la partie arrière canalise la lumière naturelle à travers une galerie jusqu'à la salle à manger. Les pièces qui occupent l'espace de l'ancien garage –la bibliothèque la chambre d'invités et la salle de bain avec sauna– ont des baies vitrées qui ont vue sur le jardin.

Mit einer Gartenanlage wollte der Architekt einen Gegenpol zum Impakt der urbanen Umgebung schaffen, in der sich dieser Loft befindet. Leben sollte in dieser ehemaligen 300 m^2 großen Elektrowerkstatt, jetzt als Wohnheim einer franco-argentinischen Familie, einkehren. Die Baumbepflanzung liegt im Innenhof des Gebäudes, der sich direkt mit dem Wohnzimmer verbindet. Auf der Gebäuderückseite wurde ein Öffnung geschaffen, die über die Galerie Tageslicht bis in den Eßraum fallen läßt. Die Räumlichkeiten, die in der ehemaligen Garage liegen – die Bibliothek, das Gästezimmer und das Badezimmer mit Sauna – haben Fenster zur Gartenseite.